# 快速学习专业知识

［美］彼得·霍林斯（Peter Hollins） 著

李欣忆 译

U0348663

机 械 工 业 出 版 社

掌握更多的专业知识,更快地成长为某个领域的专家——这是无数人心中的梦想。然而长久以来,许多人认为这个梦想如同星空般遥不可及,常常心生畏惧,抑或半途而废。但事实上,这个梦想人人可及。

本书从六大方面展开,告知读者如何快速学习专业知识并成为一个领域的专家。第一从学习状态的准备入手,指明良好的心理和生理准备才是更佳的起点;第二,收集和吸收信息才是掌握一门专业的关键;第三,掌握科学的记忆方法能帮你提高记忆效率;第四,达到专业水平存在许多途径,而不只是埋头苦读;第五,达到专家目标更需要有专家的心态;第六,专家不是自我认定,要有必要的展现。

Build Rapid Expertise: How to Learn Faster, Acquire Knowledge More Thoroughly, Comprehend Deeper, and Reach a World-Class Level

Copyright © 2022 by Peter Hollins

Simplified Chinese translation rights arranged with PKCS Mind, Inc. through TLL Literary Agency

Simplified Chinese Translation Copyright © 2023 China Machine Press. This edition is authorized for sale in the Chinese mainland (excluding Hong Kong SAR, Macao SAR and Taiwan). All rights reserved.

此版本仅限在中国大陆地区(不包括香港、澳门特别行政区及台湾地区)销售。未经出版者书面许可,不得以任何方式抄袭、复制或节录本书中的任何部分。

北京市版权局著作权合同登记号 图字:01-2022-3114

## 图书在版编目(CIP)数据

快速学习专业知识/(美)彼得·霍林斯(Peter Hollins)著;李欣忆译.—北京:机械工业出版社,2023.11(2025.2重印)

书名原文:Build Rapid Expertise: How to Learn Faster, Acquire Knowledge More Thoroughly, Comprehend Deeper, and Reach a World-Class Level

ISBN 978-7-111-74073-5

Ⅰ.①快… Ⅱ.①彼… ②李… Ⅲ.①学习方法 Ⅳ.①G442

中国国家版本馆 CIP 数据核字(2023)第 205464 号

机械工业出版社(北京市百万庄大街 22 号 邮政编码 100037)
策划编辑:梁一鹏 刘 岚　　　　责任编辑:梁一鹏 刘 岚
责任校对:薄萌钰 牟丽英 韩雪清　　责任印制:单爱军
保定市中画美凯印刷有限公司印刷
2025 年 2 月第 1 版第 3 次印刷
130mm×184mm·5.75 印张·95 千字
标准书号:ISBN 978-7-111-74073-5
定价:49.80 元

电话服务　　　　　　　　网络服务
客服电话:010-88361066　　机 工 官 网:www.cmpbook.com
　　　　　010-88379833　　机 工 官 博:weibo.com/cmp1952
　　　　　010-68326294　　金 书 网:www.golden-book.com
**封底无防伪标均为盗版**　　机工教育服务网:www.cmpedu.com

# 目　录 ➤➤➤

# 第一章 >>>
## 学习专业知识的心理和生理准备

　　如今这个时代，专业知识的概念是变动不居的。许多人认为只能把"专家"这个头衔授予那些在某一学科获得了博士学位的人，除此之外的其他人，都只能靠边站。另外一些人则有不同的观点，他们认为专业知识和学术知识不是一回事，专业知识来自于直接经验，即所谓的"街头智慧"。对我们而言幸运的是，当前时代，专业知识能够以任何一种方式被传授或取得，对大多数人来说，这可真是个好消息。

　　我们可以明确的是，无论如何去定义专业知识，人们都渴望拥有它，因为专业知识可以使我们获得他人的尊重和关注。人们认为，拥有足够多且正确的专业知识就能改变生活，带来财富。这个观点有时会引发另一些想法：如果我们在一些有用的事物上没有任何专业知识，我们的生活将变得毫无意义且空虚；拥有专业知识的程度可以带我们达到自己人生的上限或下限。暂且不论这些观点正误与否，归根到底，一个人拥有一到两门专业知识的重要性在于，它们能以明确切实的方式推动你的人生不断前进。

现在，我们分析一下本书中专业知识指什么。一般而言，专业知识的定义是对某一特定领域的知识、技能或主题的掌握。举例说明：调酒师是酒精饮品及与顾客闲聊方面的专家；钢琴家是音乐节奏和手眼协调方面的专家；建筑工人是使用电动工具和估算水泥、木材数量方面的专家。无论人们是出于有意或无意获得了这些专业知识，他们的技能都同样有用。

或许，目前你还不是你理想中的专家，而这正是本书的目的所在。本书将带领你从起点 A 到达终点 B，起点 A 指的是你在一个感兴趣的主题上的最初意识，终点 B 指的是超越99.9%的人的专业知识掌握水平。你或许认为这很难，但令人惊讶的是，这个过程比你想象得容易多。正如前文所述的调酒师和钢琴家那样，获取专业知识不一定必须要遵循一条设定的路径。同样值得注意的是，要达到你想要的专业知识水平，也并不需要拥有爱因斯坦级别的天赋。

在学习专业知识的心理和生理准备这一章中，我们将介绍学习中一个最重要的底层思维，以及专业知识学习的生理学基础。

## 一、专业知识的神话

### 1. 固化型思维

在我们对专业知识进行初步探讨时，先来看一个常见的讨论起点：天才的概念。长久以来，人们极力传播这样一个神话：我们的先天智力是潜能成长的终极天花板。但这是一个有害的信念，它暗示人们，你必须要天资聪颖，否则，你将永远无法企及你想要的专业知识水平。这个神话的核心在于，它认为天生的智力比后天的辛勤工作、坚韧毅力和努力学习要重要得多。

当然，天赋与先天智力确实有其用处，但是，涉及真正的专业知识时，你对学习的态度才是至关重要的。如果你坚持认为你的能力有限，那么你在学习时就会设置许多心理障碍。

这些心理障碍，以及上述的神话与信念，都会为人们创设一种固化的思维方式。回想一下，你是否常听人说起"我不会画画"或"我不擅长体育运动"或"那件事我永远干不了"，以上每个陈述都是我们的思想影响我们行为的微妙方式。所有这些都是固化型思维模式的例子，也就是那些相信能力是先天固有的，于是不肯努力来提高能力的人们的心态。如其所是，他们的自我预言就真的实现了。这种思维模式的缺陷之处是，在人们真实获取一项新技能之前，他们不愿意花时间去实践，去努力练习，去冥思苦想。

再举个我自己的例子。过去，我一直认为我没什么画画的才能。当时我是这么理解世界的：世界一分为二，艺术家和其他人，而我碰巧就是那些不幸的"其他人"之一。我认为我有自己的创造力领域，但绘画不在其中。

多年以来，我一直秉持着天赋才能的信念，所以在我看来，我永远不会画画。这个信念完全阻止了我的尝试，尽管我年轻的时候曾经很想去上艺术课程。但当时我认为，无论我在绘画上付出多少努力，都不会创作出让自己满意的作品，所以我决定专注于我的天赋所在的领域。然而，就在几年之前，我终于报名参加了当地一所社区大学的艺术课，令人没有想到的是，我居然是班级中最优秀的学生之一！

由此可见，这种固化型思维是有害的，它甚至会阻碍你踏出第一步。不过，根据卡尔·德维克的研究，思维方式是我们可以改变的东西。日常生活中，人们常常会在两种可预测的模式之间进行选择：要么继续深陷于固化型思维，要么采取一种成长型思维方式。

**2. 成长型思维**

成长型思维认为挑战是一种机遇，失败亦是成长的机会。如果付出努力，就会收到切实的回报，所有事情都是可以实现的。拥有成长型思维的人认为，与其寻找证据来证明自己不够聪明，还不如专注于追求过程和进步，寻求机会来扩展现有能力。换句话说，一个固化型思维的人会立刻放弃，并言之凿凿"我不擅长于此"；而一个成长型思维的人会说"目前我还不擅长，但我很快就能上手"。

这种认为智力和天赋可以随着时间逐渐发展出来的信念，对于我们追求专业知识有着深远的影响。相信个人特质已经是板上钉钉的想法（固化型思维）导致了个人持续不断的封闭。那些拥有固化型思维的人们将会逃避困难的情境，拒绝挑战自己，并且习惯于快速评价每一种情境：看看当下的情境会让他们看起来聪明还是愚蠢，会让他们成功还是失败。

与之相反的是，相信棘手的事情恰恰是发展起点的想法（成长型思维）创造了更多的可能性：个人的基本技能是可以通过努力学习来培养的。故而，一个拥有成长型思维的人充分表现出他对学习的热情。

思维方式与学习密切相关，如果你在学习中苦苦挣扎，你会有两个选择：其一，你可以选择固化型思维，放弃学习，告诉自己"我不是学习的那块料"；其二，你可以遵循成长型思维，告诉自己"我只是还没有投入足够的时间和精力，我会持续努力直到搞定它！我能行"。

成长型思维会优先考虑挑战，甚至珍惜挑战，拥有成长型思维的人都认可以下的观点：

- 尝试和失败都是学习过程的一部分，事实上，它们也是你最好的老师；
- 学习需要跌倒磕绊，不断纠错，逐渐成长；
- 在达成最终成功之前，你并不需要事无巨细地了解一切；
- 后天的实践和技能培养比先天才能更加重要；
- 保持空杯心态，时常把自己当作一个新手，这样你就总是能成长和提高；
- 过程比结果重要；
- 努力学习是重要的部分，你想要的结果只能由相应的付出带来。

如上所述，你可以看到，这些因素是如何对学习专业知识的思维方式起作用的。试着去体会这些阐述吧，并且为自己设置正确合理的期望。

　　没有人会在他的首次尝试中就表现杰出或完美，每个人都会在不同的事情上努力拼搏奋斗，一些人甚至会在所有的事情上努力，任何人曾经在任何事情上取得的进步，都只能通过辛勤的工作和努力的付出。当然，这也是掌握新知识和新技能的唯一方式。

　　如果你相信自己能做到，那么你可能真的会做到。如果你不相信自己能做到，那么你可能是在浪费时间，这就是成长型思维的重要性。它不仅仅适用于学习和增长专业知识，更昭示我们，努力奋斗贯穿了人生所有的过程。

　　综上所述，可以归结为这样一个命题：无论你认为自己是什么样的，你都可以去学习任何你想学的东西。你的智商或你父母的教育水平远不如你对学习的态度和信念那么重要。

　　有种说法是"努力刻苦能击败天才，直到天才开始刻苦努力"。至少我们可以控制这个公式的前半段——关于努力刻苦的那部分。专家是后天造就的，不是天生的。人人皆知，人类并非运行于一个等级制之中，那么我们在追求知识这方面哪里会有什么不一样呢？

## 二、学习专业知识的生理学原理

接下来，我们需要在神经生理层面上理解专业知识，学习如何快速使知识从 A 点增长到 B 点的能力。在这些过程运行时，我们的大脑中究竟发生了什么？我们如何利用这些生理方面的知识来帮助自己更好地学习？

### 1. 神经可塑性

我们将从神经可塑性的概念说起，这个概念的意思是我们的大脑很像一块黏土，具备某种程度的可塑性。尽管这个描述尚存疑点，但它的积极之处在于认为我们的大脑是不断发展和成长的。神经可塑性，也即大脑可塑性，指的是大脑因个体经验变化而发生改变和适应的能力。

直到 20 世纪 60 年代，专家和科学家们都依然认为，大脑的变化只能发生在婴儿期和儿童期。人们认为，个体进入成年早期后，大脑的物理结构就几乎永久不变了。然而，现代研究已经证明，大脑在持续不断地创造新的神经通路，改变现有的神经通路，以便适应新的经验、学习新的信息、创造新的记忆。毕竟，人类的大脑由超过 860 亿个神经元组成，在新知识和新经验的刺激下，这些神经元可以创造出无数新的神经通路。甚至已经有新的研究表明，大脑神经元可以在一定条件下再生。

### 2. 神经层面上学习专业知识的两种基本方式

学习专业知识在神经层面的发生主要有两种基本方式。第一种方式是知识通过漏斗式信息模型进入位于大脑海马体区域的长时记忆，并使其长久保持，这个方式主要是通过某些与记忆和练习相关的特殊技术来完成的。生活中，我们把那些头脑中清晰掌握了大量事实和理论的人视为专家。我们将在后面的章节中更详细地介绍这个方面。

学习专业知识在神经层面发生的第二种方式是通过神经元的髓磷脂部分。它能使人们的思考过程更加快捷敏锐。当然，我们也将那些能快速解决问题的人视为专家。

一个简短的神经科学综述可能更有助于大家理解，神经元是大脑细胞的基本成分，一个神经元由三个主要部分组成：

- 树突：接收来自其他神经元的信号；
- 细胞体：加工处理这些信号；
- 轴突：向其他神经元发送信号。

被发送和接收的信号称为神经脉冲，它是一种微小的电荷，它从树突穿过细胞体，再穿出轴突到达大脑中的下一个神经元。这是一个令人难以置信的飞速过程，想象一下你如何能在它到达神经元前的奔跑过程中抓住些什么？不可能的，因为它可比你的想法快多了。这一连串的电荷脉冲就是我们思维的生理表征，是的，这也就意味着我们的思维速度实际上有一个上限。

将神经元与学习专业知识联系起来的是髓磷脂，它是一种覆盖了神经元自身大部分的脂肪组织。本质上讲，髓磷脂越多，电荷信号就越快。

这里有一组令人信服的证据，来自对古典钢琴家的脑部扫描。研究表明，钢琴家经常会使用的区域——大脑中的精细运动技能模块、视觉和听觉处理模块都与该区域的髓磷脂的数量有很高的相关。与非音乐家相比，钢琴家在这些区域的髓磷脂数量要高得多。

另一个有利于证实髓磷脂能增强专业知识学习能力的证据是当它缺失时发生的情况。脱髓鞘是多发性硬化症和其他神经退行性疾病的一个已知因素，这些疾病会导致一些症状，诸如神经灵活性丧失、视力模糊、肠道控制功能丧失、全身虚弱和疲劳等。这表明，髓磷脂是允许我们充分利用大脑的一个重要因素。

### 3. 保持大脑生理健康

当你听到学习专业知识居然有如此具体的生理表现，是不是觉得很惊讶？毕竟，无论从其表象还是从哲学概念来讲，大脑也只是一个血肉之躯，它会感到疲劳，需要养分，且并不总是处于运行最佳状态。大脑就像身体的其他器官一样，有其运行、学习和创造的最佳条件要求。

因此，我们应该像对待肌肉一样对待大脑。大脑消耗葡萄糖，主要由水组成。它需要时间来恢复，而且有其自身的限制。由此可知，个体总体的身体健康状况会影响大脑的学习能力。

如果有一个跑步运动员明天要参加比赛，你认为，在她为比赛做准备的过程中，压力、睡眠、锻炼等因素会对比赛有影响吗？当然会，所以她可能会有规律地锻炼，以便保持最佳身形；她可能会努力减轻压力，并专注于需要做的事情；她还会在前一晚尽可能多地睡眠休息，这样她才可以精力充沛。

现在，再来看看大脑。请问，以下哪种情况可以让你更好地记忆信息？是仅仅睡三个小时，还是整整睡八个小时？又或者是你一周必须工作90个小时，还是一周工作35个小时？最后，如果你和一个朋友进行了长时间的争论，那么你还会感到精神焕发，并且准备好消化信息吗？

正如运动员和她的身体一样，大脑也必须为其表现做好准备，而压力、睡眠和锻炼等因素都会极大地影响大脑的表现。接下来，让我们了解一下神经健康和学习能力是如何与大脑功能的提升直接相关的。

（1）压力对大脑的影响

压力是影响大脑健康的最大因素之一。如果你想找一个清晰具体的例证，那么可以观察一下那些患有创伤后应激障碍（PTSD）的退伍军人或创伤受害者，看看他们的生活是如何受到压力负面影响的。在日常生活中，这些人非常缺乏任务处理能力，因为他们太容易紧张了，而且可能会在任何一个诱发焦虑和恐惧的情境中突然崩溃。

大量的研究发现，慢性压力和急性压力都会对大脑健康及记忆系统产生巨大的负面影响。这在很大程度上是由于身体对压力的生理反应造成的，这种生理反应的差别定义为两种主要压力类型：慢性压力和急性压力。

慢性压力是指个体在相对较长的一段时间内处于持续的压力情境中——比如在工作中持续承受重担，或者频繁应对冲突斗争的人际关系。直到累积效应爆发之前，这些问题看起来都只是微不足道的小压力源。当我们经历慢性压力时（注意，个体能承受的压力数量有很大差异，这和个体的忍耐力有关），我们的身体处于一种生理唤醒的状态，这就是所谓的"战或逃"反应模式，也就是我们的身体感受到外界压力和恐惧时启动的主要防御机制。

在几千年之前，正确采取"战或逃"的策略曾经是十分有用的——如果个体感觉到有压力源或令人恐惧的事物，机体会将自己调整到最高程度的警觉状态，做好战斗的准备，如有必要，就尽可能快地逃跑。无论发生哪种情况，身体的荷尔蒙、心率和血压都会大幅度升高，为了维持警觉状态，主要的应激激素、皮质醇都会被直接释放出来。

所以，如果你一直在承受慢性压力，你将永远处于这种"战或逃"的模式下，并产生过量的皮质醇。你的身体将很少达到放松阶段，也就是体内平衡状态。换句话说，慢性压力会使你一直处于警觉和生理唤醒状态。这会让你在身体上和精神上都非常疲惫，而且会导致大脑缩小。研究表明，慢性压力甚至会造成海马体容积减少高达14%的比例，这太惊人了。

在大脑中，海马体是负责记忆加工和存储的主要区域之一。另一项研究（帕斯夸利，2006）表明，当小老鼠暴露在猫的面前时，这个情境可能会导致小老鼠产生压力，此时小老鼠的记忆就受到了负面影响。那些经常接触到猫的小老鼠们无法定位特定的入口和出口，看起来像一群萌萌的小路盲。

慢性压力会对你造成上述所有的负面影响，而困难之处在于，你可能没有意识到你正处于慢性压力之下，因为你已经习以为常了。这就像你的肩膀紧张的时候会耸立一样，你自己意识不到，直到有人指出来，你才能发现放松状态和过度警觉之间肩膀姿态的不同。

持续不断的紧张、偏执、无法集中注意力、感到绝望和崩溃的累积效应，将会给你带来恶果。试想一下，肾上腺素持续飙升几天、几周或几个月会怎么样？答案是，这不仅会损害你的记忆和大脑加工能力，还会使你无法正常工作生活。这就是那些患有创伤后应激障碍（PTSD）患者所遭受的痛苦，且其受害程度要更加严重。

急性压力就没有那么容易被忽视了。

当你正在开车时，突然有人蹿到你的前面，导致你差点发生撞车，或者你与人发生了激烈的争吵，这时，你会经历肾上腺素的突然波动，而这就是急性压力。顺便说一句，急性压力大概率倾向于发生在交通情境中，甚至涉及发生车祸。但是，急性压力是短暂的、临时的，你可以感觉到并注意到它。急性压力的突发阵性紧张会导致头痛、肌肉紧绷、胃部不适或呕吐，这是因为肾上腺素正在穿过你的血管，试图给你警示以及给你所需要的应对事件的力量。如果这个状态持续了比较长的时间，它可能就会跨越界限变为慢性压力。

但是，这些还不是我们关心的主要问题。重要的是，当你处于任何一种类型的压力下时，你的学习和记忆加工系统会受到什么影响？

你也可以把这种状况简单地看作是大脑被压力和焦虑的想法占据，以至于无法有效地将脑力转移到记忆和思考中。这些并不是对压力影响的信口雌黄，压力确实可以改变你的大脑结构和体积，所以它值得我们投入更多的关注。

确保你的大脑引擎在你需要的时候都能正常运转。多去反省一下，在你的生活中，焦虑的主要来源是什么？它们可能来自于人、工作，甚至是物体。无论如何，确保只要做好当下需要做的事情，没必要大包大揽，多管闲事。

（2）睡眠对大脑的影响

保持大脑健康的下一个要素是睡眠。长期以来，人们认为记忆的产生和学习的发生都是在睡眠模式中进行的。在睡眠过程中，大脑的结构发生了变化，并形成了新的突触连接。

确实，许多研究已经揭示了记忆如何在睡眠中得到加强或

存储的细节问题。2005 年的一项研究中，哈佛大学的马修·
沃克教授比较了实验对象在清醒和睡眠时的大脑功能磁共振
成像扫描图（fMRI），用以观测大脑被激活的不同部位——
也就是记忆巩固发生的地方。他发现，如果在学习期间小憩
一会，人们的小脑会更加活跃，而这种活跃与效果更好的学
习和记忆高度相关。

沃克教授认为，"睡眠似乎在人类成长过程中扮演着重
要角色，在 12 个月大的时候，婴儿几乎处于一种持续的运
动技能学习状态，在各种日常活动中学习协调他们的四肢和
手指。他们有非常多的新内容需要巩固吸收，因此，这段密
集的学习时期可能需要大量的睡眠。"

具体来说，快速眼动睡眠（REM）对睡眠期间的记忆巩
固和存储最为重要。近年来，关于睡眠到底对记忆有多重要
一直存在争论，但睡眠其实还有另一个重要目的：睡眠是为
了忘记生活中那些不重要的事，然后把它们过滤掉，这样我
们的记忆才能更有组织性。

2003 年，威斯康星大学麦迪逊分校开展了一项研究。研
究认为，白天，神经元和突触基本上都是超负荷工作和增殖
的，睡眠时期会被削减，因此只有重要信息才能进入长时记
忆。这意味着，我们睡觉是为了忘记一天当中的某些部分，

以便拥有更加优化组织的头脑。

睡眠对大脑和记忆有许多特殊的功用，但总的来说，大脑就像身体一样，需要休息和恢复。来自罗切斯特大学的一组研究人员也认为，睡眠就像是大脑的"垃圾清除系统"，当你能够给这个负责记忆的系统一整夜的暂缓休息时，它就会在未来几天里更好地为你工作。

（3）运动对大脑的影响

保持大脑健康的最后一个要素是运动。你可能会觉得奇怪，体育运动对你的大脑居然像对肌肉、骨骼一样有好处，但这个结论已经被多次证明了。

荷兰的内梅亨大学开展了一项相关研究。男性和女性测试者首先进行一个记忆测试，测试完成之后，三分之一的测试者立即开始体育运动，另外三分之一的测试者等待四个小时后再运动，其余的三分之一测试者不运动。两天之后，再次让这些测试者重复同样的记忆测试，结果发现在第一次测试四个小时后运动的那一组表现最好。这显示出运动对于帮助大脑巩固和存储知识很有效。

其他从生理学角度切入的研究指出了运动会释放神经递质和荷尔蒙，同时指出它们如何影响记忆过程。运动有助于产生一种叫作 FNDC5 的脑蛋白，而它最终会释放出脑源性神经营养因子（BDNF）。BDNF 已经被证明能够通过保存现有的脑细胞、促进新的脑细胞生长、以及促进整个大脑生长的方式，来帮助大脑的日常运行和记忆加工。随着年龄的增长，人的大脑会渐渐缩小，但运动——因为产生了 BDNF——可以切实增大我们的大脑。

大脑主要使用葡萄糖（由碳水化合物转化而来）作为能量燃料，当没有葡萄糖时，它就开始使用脂肪作为能量燃料。当大脑开始使用脂肪作为能量燃料时，就会触发 BDNF 的生产。这可能是禁食背后的科学机制，同时这也是低糖饮食显示出具有提高警觉性和认知敏锐性等正向附加作用的原因所在（福特，2012）。

大脑是身体中氧气需求量最高的一个器官，高达全身使用量的 20%。你可以通过运动来改善你的心血管系统，确保血液更加顺畅地流过你的动脉，这样，你将接触到更多的氧气。同理，水也是一样——大脑平均 70% 是由水构成的，而运动可以让你更好地进行水合作用。

但是，运动也有其局限性。最优的运动方式是那些能加速血液流动和燃烧脂肪的运动，如果运动过于剧烈和困难，你就会开始产生压力，你已经知道了压力会对你的心理智能产生多大的伤害。总体而言，身心健康都很重要。

或许，这也是为什么我们年轻时应该多听妈妈那些要我们保持健康的话的例证。

尽可能多地睡觉，经常锻炼，不要为小事担心焦虑。当我们能够避开生活中的压力源时，就可以把更多的精力投入到重要的事情上。比如你的狗狗找不到了，你就无法安下心来学习考试，对吧？反过来，当我们美美地睡了一夜时，第二天就可以更好地理解和吸收那些有难度的材料了。

最后，运动不仅可以让你活力倍增，精神焕发，让大脑得到短暂休息，还能够引起你的大脑发生有利于记忆过程的化学变化。大脑是学习专业知识的引擎，你必须要时刻注意为它的最佳表现做好准备。

 **本章要点：**

- 当前时代，你可以通过很多途径来获取专业知识并达到专家水平，但你必须克服的最大障碍之一是关于天赋的神话，以及与之相关联的固化型思维。
- 天赋神话的意思是，只有那些具备了足够天赋的人才能成为专家——这不是真的。我们可以通过观察固化型思维（我只能这样，不会更好了）和成长型思维（我能变得更好）之间的差异来进一步支持这一观点。只要你肯付出努力，你都可以学习某方面的专业知识并逐步成长。这并不是说你只需要使用"信念的力量"或类似心血来潮的短暂热情，它是一个需要持续付出努力和时间才能得到成果的线性关系式。

- 学习专业知识的生理学原理非常简单。把大脑想象成一块肌肉，事情就变得很好理解了。学习和掌握专业知识很大程度上是因为髓磷脂的增加，髓磷脂是一种覆盖神经元的脂肪酸，它可以增加电荷脉冲的速度和强度——也就是思维的速度和强度。

- 作为血肉之躯，大脑与一个二头肌或腿筋有同样的要求。这意味着，存在的压力（包括慢性的和急性的）、睡眠的质量和数量，以及锻炼的频率都对你的学习效率有很大的影响。

# 第二章 ⟫⟫⟫
## 如何高效地搜集、吸收和理解信息

　　发展专业知识的第一步一定会涉及信息。你要么在寻找信息，要么在获得信息，要么在分析信息，要么在使用信息，总之，信息无处不在。可以说，信息就是专业知识的流通货币！幸运的是，我们生活在互联网时代，信息几乎唾手可得。然而，这也是个双刃剑，因为你会不可避免地发现，在信息洪流中，很难辨别哪些是你追求专业知识，过程中真正需要的重要信息。

　　你无须把所有的时间都投入到学习中，有时候，我们只需要确认什么是重要的——即你必须从一大堆杂乱无章的数据中搜寻到有用信息。想象一下，一个侦探正在寻找发生在某个小镇中部的罪案线索，但他却想利用全国各地的犯罪数据来查找真相，这无疑将是一场徒劳无果的追寻。

　　但是，仅仅掌握了大量的信息也是不够的。为了让信息更有价值，它们必须被进一步加工、分析，以及充分吸收、理解。正如学习一项新技能需要反复练习一样，学习新知识也需要时刻锻炼你的思维。

本章将通过收集和处理信息的实践训练，指导你从一个一无所知的小白新手成长为一名专家，这事关如何处理专家们所能拥有的最有价值的资源。通过学习，你不仅能够更加熟练地加工信息，还能变得更加高效，我们的第一小节将从此处开始。

## 一、开展研究的全部过程

培养专业知识的第一步是调查研究：这是一个逐步前进的过程，包括阅读和分析你所选择的兴趣领域中的相关材料。但是，在我们能够理解和综合整理材料之前，需要先找到我们将要研究的东西。这不是一个特别困难的过程，但存在许多雷区，可能会阻碍破坏你的学习。

如今这个时代，几乎所有事物的信息都不短缺，我们比以往任何时候都更容易获取到数据和事实，但我们所拥有的大量信息会让我们忘记如何有效地进行研究。许多人简单地把便利掌握信息等同于拥有智慧，如果信息能够触手可及，我们有时就会认为这就是我们所需要的。但实际上，如果不理解信息的含义，或者对其存在的语境没有准确的把握，那么这种信息是没有价值的。这甚至都还不包括你掌握的事实可能是偏见的、扭曲的或者完全不准确的。那么，我们如何避开可疑的信息来源，并确保我们的研究取得成果呢？

研究是一个循序渐进的过程，它具有条理性和实证性，而不仅仅是积累和统计数据。在一个成功的研究项目中，研究者可以对自己所选主题的来龙去脉做出自洽和确信的解释。即使遇到了某个体系庞大且需要耐心的主题，一个坚实的研究过程仍能帮助你超乎想象地、更快地建构专业知识。

如果能够细致正确地执行如下五个研究步骤：收集信息、过滤信息来源、寻找主流观点和重叠部分、寻找不同意见以及整合资料，那么你将很好地掌握你所需要的关于一个新主题的知识。重要的一点是，你必须完成上述全部五个步骤，不能跳过任何一个，如此，你就能够从多种角度和途径去理解一个概念、主题或问题。

这些步骤有点类似于科学探究的过程（创建假设、提出问题、收集数据、检验假设、分析、得出结论），这两种方法都要求个体在过程中的每一个步骤上谨慎扎实。此外，科学方法是用来检验已有知识理论的方法，而研究方法是一种获得全新知识或见解的途径，它们都是学习一个期望主题的系统化过程。

接下来，我们将描述这些步骤，之后，再通过一个详细的示例来阐明每个步骤的具体做法。

1. 收集信息

第一步是尽可能多地去搜集关于一个主题的数据资料，从你能接触到的尽可能广泛的各种来源中收集所有信息。

在研究开始的早期阶段，不要急于辨别，从你能找到的任何地方尽可能多地获取信息。如果你在网上搜索某个主题，得到了十页或者更多的结果，那么就点击每个链接看看，重点不是要立即获得答案，而是为了获得关于你正在调查的这个主题的一个初步的、全景式的概观。所以，不要太严格——打开闸门。

把你收集到的信息组织成一般的话题、论点和观点。这时你可能会发现，经过这个阶段，你比刚开始时更加困惑了——这是很正常的。重要的是，现在你的面前拥有了一切信息，从浅薄的到深刻的，从正确的到可疑的。

2. 过滤信息来源

现在，你已经拥有了你需要的所有信息，是时候辨认你的信息来源是什么，它们提供了什么样的信息，以及这些信息是好是坏了。这一步可以使你将要学习的信息量减少

75%，甚至更多。

每个信息来源对所讨论的主题都有不同的意图和方法，有些专注于直接的理论和数据；有些则提供与该主题相关的叙事性文本或轶事；还有一些则提供了评论观点或总结。有些信息来源是你所选择的领域中的官方机构或权威机构；有些信息来源则是对此主题感兴趣的报刊、媒体、团体或协会；还有些是一部分固执己见的博主发布的博客，他们只是对某个话题感兴趣，但没有任何专业知识或常识；此外，还有些是假新闻。

这一步骤中，你的目标是找出良好的信息来源，忽略糟糕的来源。一个良好的信息来源可以通过可靠的数据、确定的事实和缜密的验证来支持它的论点和想法；一个糟糕的信息来源通常更喜欢通过煽动情绪和夸张事实来说服读者，文中充斥着误导和完全错误的数据。

不要混淆轶事和证据，即使某个轶事被很多人转述。毕竟，每位老奶奶的故事都有差不多的开头。

一般来说，良好的信息来源也建立了可靠的准确性记录；糟糕的信息来源时常流言满天飞，没有任何公信力。一个合法的信息来源一般会有一个真实的名称链接到它，除了极少数例外（比如水门事件中的深喉），匿名或隐藏身份的来源通常不能确定是不是真实线索。此外，还要考虑其他信息来源如何看待你正在看的这个来源，或者这个来源是否被其他来源回避或完全忽略了。

在这个阶段，你会开始注意到你所收集的资料中存在分歧，你也会看到某些信息来源的趋势和倾向，你还会感受到哪些是最受欢迎或最常见的观点（主流），哪些是极少见或不寻常的观点（少数），哪些是疯子怪人的胡言乱语。你将能够对这些来源进行划分，并保留那些最可靠和最有用的资料。

### 3. 寻找主流观点和重叠部分

当你查看和回顾所有原始资料时，你会开始注意到反复出现的话题、立场和想法。某些论点会非常频繁地出现，而某些仅偶尔出现，看起来很随机。你将开始更清晰地了解到你所研究的主题的首要观点、次要观点和界限范围，你也能够在相似的想法和重叠的观点间建立联系了。

在这一步中，你将能够辨认出研究主题的主要组成部分，以及最流行的想法和信念。一般来说，最佳的信息源都会讨论同样的事情，所以当你遇到这种情况时，你可以放心地认定它们就是主题中最重要的部分。你将会看到这些主要观点间的碰撞，它们在何处终结，以及它们不会涉及的地方。通过这种方式，你可以真正了解到主题概况，以及存在的不同意见和声音，由此，开始形成你自己的专业知识。

当你看到一个观点被多个来源重复提及时，这是一个很好的迹象，你应当认为它是一个主要的想法。同样，如果一个细节资料很少被该领域的知名人士提及，那么它或许不符合主流观点，也可能不是指引方向的观点，又或许太过前卫而不被认为有价值。

这么说少见的或其他观点一定是错误的么，绝非如此，但是需要你有更好的判断力。如果只有一个孤立的信息源做出了某种论断，即使他们有"信徒"赞成他们所说的一切，也仍然存在一种很大的可能性：他们讨论的事情不是真实的，或者至少不是那么重要的。请注意将那些你需要关注的事物与那些将会迷惑你的因素分开。

在这一步骤结束时，你应当了解了该课题的主要观点和论点（还有原因），以及一些次要的观点。独自完成这个阶段，可能会使你成为一个专家（相对于其他普通人），而且很普遍的是，大多数人都会在这一步停止他们的学习和研究。但是，如果你止步于此，就有可能陷入确认偏差的陷阱，并且无法知晓什么是你当前不知道的。

**4. 寻找不同意见**

在这一阶段，毫无疑问，你已经在大脑中形成了一个理论或观点，而且，你也会通过减少继续了解其他信息源的行为来支持现有观点。现在，是时候去寻找那些与你的观点不一致的信息源了，这是非常重要的一步。如果你未了解到足够程度的反对意见，那么你将无法具备理解这个主题所需要的完整观念。无论你对当前观点多么深信不疑，都要试着去找一个不一样的观点。

不要害怕用反对者的角色来质疑自己的观点。如果你对你的理论存在一些小争议，那就是你放开想象力的地方，努力设想一下你的理论可能被验证的所有场景和情况。毕竟，几乎没有一种理论有 100% 的支持率，即使它看起来是一个科学共识。再退一步讲，即使这种神话理论真的存在，这个过程也是一种获得专业知识观点和辨认细节差别的锻炼，没有什么对或错。

找到不同的意见是避免确认偏差困扰的重要一步——人类倾向于只看到、听到他们想要看到、听到的东西。意思就是，当某些人非常希望某件事是真实的时候，那么他们就会拒绝任何证明这件事是虚假的确凿证据，而仅仅接受那些证实他们信念的信息。这将导致他们只会精心挑选支持他们观点的数据，而忽略反驳观点的证据。确认偏差是不客观的，所以在实际的研究中，它不应该有安身之处。为了打败确认偏差，请给予反对的声音以客观和充分的关注。

直至此时，你已经走到了顺利完成这一步骤的终点。你变得精明老练，且能辨别出信息的细微差别。你的观点是真实合理的，且不会被谬论、误解或虚假信息所蒙蔽。你将更充分地理解自己的信念，并且理解其他人为什么会有不同的想法，你将能清晰准确地阐明你为什么相信你所相信的。

你可能会遇到一些你强烈反对的观点或假设，你可能会试图轻视这些相对立的观点。但是，你还是需要尽可能充分地吸收它们，不管你认为它们是多么地错误或荒谬。这些观点的存在是有其原因的，只有从客观的立场来理解它们，你才能对这个主题的全貌有一个完整的看法。

**5. 整合资料**

这是你发表观点的重要时刻——前提是，你已经严密考查过以上所有的步骤，千万别"先开枪再说"。你对这个知识主题应当是清楚明白的，你能够解释正在谈论的话题或问题的所有方面，自信地在新知识领域里开展写作、演讲、制定大纲或绘制思维导图。这里有一个简单的模式帮助你思考如何总结自己的专业知识：把所有的资料都放在一起，然后看一下如何理解整体情况，包括那些细节和差别点："观点X、Y和Z的背后原因是……，然而，观点A、B和C则认为……，原因是……"如果你不能明白无误地做到这些，你可能需要在整个过程中回退一两步。

让我们来探索一个示例，它会展示整个研究工作的所有步骤，这个示例会为希望成为某个主题专家的人提供一条明确的途径。为了方便描述，我们先假设你很想成为一个60年代抗议运动历史的专家。

● 收集信息。不加辨别地积累所有你能找到的信息：历史书籍、新闻文章、传记、博客、历史频道的视频、网站、国会会议记录、新闻短片等——任何东西。在这个阶段，你只需要把所有你能找到的信息聚集在一起。此时，任何信息都是好的信息，使用所有你能接触到的媒介。不要忘记立即开始你的资料组织工作——通过对想法和意见进行分组和分类即可。

● 过滤信息来源。你有来自权威信息源的新闻剪报吗？比如像是《纽约时报》或《时代周刊》？这些故事是可以证实的吗？你收集到的传记和纪实类书籍是否提供了有意义的支持信息？又或者它们只是一些根本不依靠数据的思想碎片？你所看到的博客是否有可靠的参考文献？或者它们只是胡乱地堆砌并充满夸张之辞？你会不会只是看到了一本"胡言乱语"的历史书？此时，你需要运用你的辨别力，来决定哪些信息源值得听取（即使它们有鲜见的争论），哪些是你需要放弃的（即使它们模仿了主流的立场），很抱歉这么说，但有些观点确实比其他观点更有价值。

● 寻找主流观点和重叠部分。检索你的信息源，寻找反复提到或描述的类似事件——比如《民权法案》、肯尼迪遇刺事件、1968 年的民主党大会等。在不同的时代中寻找类似的趋势：经济状况、失业率、选举结果、某些集会或抗议活动。在你的回顾中，某个特定事件或趋势出现得越频繁，就越有可能在这个主题上有真正的影响力。检索你能找到的所有观点：多数意见、少数意见，甚至是疯狂的想法，发现重复的主流观点将会给你一个更加立体的全景视角。

● 寻找不同意见。希望目前你已经形成了一个有效的主题论点，现在，你要通过寻找合理严密的反对观点来检验它。理想情况下，在你筛选过的阅读材料中，至少包含一个由合理依据构建的相反观点，又或者，在网上仔细地搜索一下，也可能产生一些结果。权衡对比这些不同意见与你的论点，并考虑你可能需要调整你论点当中的哪些部分。假设每个人都一心一意地相信自己是正确的，那么你应当更加开放地去寻求人们的不同立场，而不是把他们拒之门外。

你不仅要去深入探究这些不同观点是什么，还要探究他们持有这个观点的原因以及观点所基于的假设。添加任何一个可能通过小道消息听说的关于重大暗杀事件的阴谋论，你就会明白——为什么这些想法会存在，它们会让谁受益？

●  整合资料。无论你打算私密保存资料还是公开出版，首先要总结一下你的发现和观点，并保持它们随时可用。确保你已经从支持和反对的双方意见中解释说明了尽可能多的观点。例如，你可能会觉得 60 年代的抗议运动起因于对变革的真诚渴望，但也可能会遇到一些观点，认为那些人是在协助政府的内部工作。注意，给其他人的不同结论留出空间，它们会让你的最终结论更完备、更合理。记住那个模式"观点 X、Y 和 Z 的背后原因是……，然而，观点 A、B 和 C 则认为……，原因是……"。

## 二、阅读与吸收信息的高阶层次

让我们回溯到研究过程的第一部分，即收集信息。如果你收集了数量可观的阅读材料，你就会想要找到一种方法来尽可能充分地消化理解它们，这个情景可能有些令人生畏。这些阅读材料也许很复杂、很冗长、很详尽，或者不可能一次整理完，那么，你如何获取所需要的信息，并且通过有效阅读来增加你的知识？这里介绍两种阅读模式，两种模式有相似之处我们可以运用这些模式来真正地吸收资源并且最大化地利用资源。

**1. 四级阅读模式**

第一种模式通常被称之为四级阅读，它是由哲学家莫提默·艾德勒在他的著作《如何阅读一本书》中提出的。艾德勒认为，阅读并不是一个单一的、普遍的、始终一致的行为。他将阅读行为分为四个独立的层级，它们在阅读目的、付出努力和花费时间上都不相同。此外，不同的层级适用于不同类型的阅读——有些书可以适用于所有层级，而另一些书则只适用于一两个层级，认真地遵循这些层级要求的阅读方法将会大幅提高你在这个主题上的专业知识，尤其是在较高的两个层级上。

艾德勒的四个阅读层级，从简单到复杂依次为：基础阅读、检视阅读、分析阅读、主题阅读。

● 基础阅读。这个层级的实质就是学习阅读，即中小学教的那种阅读方式，而你早已超越了这个层次。从书中学习这些字母是什么，单词如何发音以及它们的客观意义。比如"猫在床上"，这句话的意思就是有一只猫在床上，绝对不是说有一只狗在沙发上。完全不用费脑子，对吧？

基础阅读也适用于正在学习一门新语言的成年人，他们需要接受理解新字母、新词汇和发音的训练。同样，一个第一次阅读技术类教科书的学生也需要学习新的句法或特殊的行业术语。任何时候，只要你遇到了一种新的语言、方言或专用词，你都是处于基础阅读。

● 检视阅读。对读者来说，更高一个层级是理解某本书的精华——但不是消化书的全部。这种状态被称为检视阅读，这个过程有时会被热切的读者贬低或者忽略，但在发展专业知识方面，这是一个非常有价值的过程。

检视阅读实际上包括两个小阶段：

——系统略读。这个过程其实是在随意地翻阅一本书中除了它的正文文本以外的某些元素，例如浏览内容简介、目录和索引，或者阅读序言，或者看看封面背后的简评。如果你正在看的是一本电子书，那么还可以阅读线上描述和顾客评论。系统略读给你提供了足够的信息，让你知道这本书的主要内容，以及如何给它分类："这是一本关于二战的小说"，或者"这是一本教你如何烹饪法国大餐的书"。

——粗浅阅读。在这个阶段，实际上就开始读这本书了，但只是以一种比较轻松的方式。从头开始读，但在看内容的时候，不需要全神贯注或者思考过多，不用在页边空白处做笔记，也无须查找不熟悉的短语或概念——如果有一个段落你不理解，只需跳过它，继续看下一部分。在粗浅阅读中，你得到的是这本书的基调、节奏和总体方向，而不是吸收正式文本中的每一个单独元素。

检视阅读有点类似于侦查任务或调查，你只是在感受这本书里的内容并收获一些阅读体验。你可能会在书中发现几个比较广泛的、普遍的观点，但你不用深入地研究它们。这时，你才会发现你可能想要看什么，然后会决定自己是否有足够的兴趣去继续深入阅读。

举个例子，假设你正在看一本关于古典音乐的书。在系统略读这一步中，你会看到标题和副标题，还会看到封底评论，上面写着"这是一个对古典作曲家深入但有点儿不恭敬的研究"。你还会看到目录——有些章节的标题是"瓦格纳的变装癖""莫扎特的猫模仿"和"贝多芬对老鼠的爱"。从这一点上，你已经确定这不是一本严肃的作品，也不是一个可能增加你专业知识的信息源，尽管它看起来挺有趣的。

为什么一个新手专家要经历这个阶段，而不是直接跳到下一个层级呢？原因在于，即使你手头的资料不是一个深入的研究，它仍会给你很多启示。你会了解到作品的表达方式：它是严肃的、滑稽的，还是讽刺的？它是依赖于真实生活中的叙述还是虚构的想象？它有大量的统计数据吗？它引用了很多外部信息源吗？它有资料图片吗？

深入理解这些问题的答案，将有助于你构建内容以及定义你的期望——如果你决定继续读这本书，那么这一步将使下一个层级的阅读更有效率。

• 分析阅读。第三个阅读层级是消化一本书或其他资料的最深层次——它是充分消化吸收手头资料，并与之互动交流的过程。分析阅读的挑战很简单："如果时间不成问题，你会多彻底地阅读这本书？"

分析阅读可以理解为将书从作者的手中拿走，并化为己用。你不仅仅只是阅读文本，你要对关键点做标识或下划线，要做评论或者提问。在某种程度上，你可以使用在空白处批注的方法，假装正在与作者进行对话。

分析阅读的目标是充分理解某个资料，这样你就可以毫不费力地向别人解释它。你能够非常简明地描述资料的主题，还能够按顺序罗列出资料的各个组成部分，并说明它们之间是如何相互关联的；你也能够理解并指明作者所关心的主题，以及知晓这个资料试图解决的问题是什么。

举个例子，假如你正在阅读史蒂芬·霍金的《时间简史》，你会把第一部分中关于物理学史的关键短语标识出来：比如宇宙大爆炸理论、黑洞和时间旅行。你可能会给哥白尼和伽利略的名字加上星号，标注以后要更充分地研究一下他们。你可能会质疑霍金对宇宙膨胀的解释说明，并把这个问题写在页面空白处。

分析阅读是一项艰苦的工作，但在这个阅读层次中，获得新见解的兴奋感是最深刻最值得的。这种与阅读资料的互动交流使学习更具主动性积极性——不是仅仅去听别人的全盘灌输，反而更像是你自己在萃取信息。当你这样做的时候，你的思维投入程度更高，这意味着你更有可能记住你所学习的东西。这是一条更容易获得专业知识的途径。

● 主题阅读。在阅读的最高层级，你需要使用涵盖同一主题的多本书籍或资料。有人将主题阅读描述为"比较/对照"，但实际上它比这个要深刻得多。注意不要将主题阅读（syntopical）与拼写相似的概括阅读（synoptical）相混淆，它们两个根本不是一回事。

在这个阶段，你会试图理解正在学习的这个主题的整个范围，而不仅仅是关于它的一部分。你需要分析出这些书籍中提出的思想、语法和论点的差异，并进行比较；你需要识别并填补可能存在的任何知识盲区。你像是在与多个合作伙伴协商交谈，然后形成并整理为你需要回答的最紧迫的问题；你还要识别出这些书籍资料中所涵盖的主题，以及主题涉及的所有问题和方面，并查找你不懂的措辞和术语。

主题阅读是一种比较重要的任务，很像一门全学期内的大学课程，不过是你自己教自己。要把主题阅读看作是一种积极的努力学习，它通常不会与阅读小说之类的放松行为联系在一起。

再打个比方，主题阅读就像是一个电视剧或电影，剧中有些人试图解开一个多层次的复杂犯罪计划。在电影的某个场景中，他们展示了一个巨大的公告板，上面有图画、便利贴和人物照片，还有连线来展示它们之间的联系。当从不同的信息源发现新信息时，它们都会被添加到公告板上。这就是主题阅读的状态：它是一种共同的努力，用以找到答案和增加你的专业知识。当然，你不需要与犯罪团伙打交道，你可以专注于更加合法正当的主题，比如奥卡姆剃刀、荒诞戏剧或股票市场。

把这四个层级作为连贯的步骤，能够使你逐渐接近一个主题，更加了解它，直至最后，完全掌握它。

——在基础阅读阶段，你在学习阅读，这是一切知识都需要的起点。

——在检视阅读阶段，你将获得知识体系和结构的概况，并且调整你的兴趣方向。你会评估你将在更深一个层级中遇见什么，并以此为依据来决定是否进入分析阅读，如果确定，你会为自己做好准备。

——在分析阅读阶段，你将致力于付出大量的努力，从尽可能多的视角去全面理解这个主题。你在吸收、消化和质疑这本书，并对它所涉及的主题产生更加旺盛的好奇心，驱使你去学习更多的内容。

——在主题阅读阶段，从某种意义上说，你"毕业"了，从对一个主题单一或有限的观点到达了对主题所有元素的整体全面研究。事到如今，你可以从多个角度划分你的专业知识层次——这是你在休闲娱乐性的阅读中无法体会到的东西。

### 2. SQ3R 方法

另一种最大化利用资源的阅读模式称为 SQ3R 方法，该方法由美国教育家弗朗西斯·P. 罗宾逊提出。这种方法以其五个组成部分命名：浏览（Survey）、提问（Question）、阅读（Read）、复述（Recite）、复习（Review）。

● 浏览。该方法的第一步是获得你准备阅读的资料的一般概况。小说或叙事文学只需要从开始读，然后顺水推舟地读完每一章，但教科书和纪实作品则不能这样阅读。最好的纪实类作品会以一种清晰难忘的方式来表达信息，且有着层层递进的建构方式。如果还没有浏览，就直接深入阅读，你将是盲目的，不知道会去哪里，也不知道试图达到什么目标。在探究第一章之前，你应当先看一眼整体的内容。浏览这个步骤能使你获得关于这本书主题的大致介绍，这样，你就可以制定你想要从阅读这本书中达到的目标了。

这就像你在开启一段公路旅行之前，要看一眼整个地图一样。此时你不需要拥有全部知识，但是要了解整体中的每个部分是什么以及它们如何关联，这将有助于你接下来处理细节及无用信息。由此，你也将会知晓，感到困惑时，你通常需要朝着哪个方向寻找线索。

在 SQ3R 方法中，浏览意味着查看作品的结构：包括书名、引言或前言、篇标题、章节标题、小标题和副标题。如果这本书有插图或图表，你也需要简单看一看。你还可以注意一下，这本书用来引导你阅读的惯例：字体、粗体或斜体文本，以及是否有章节目标和学习问题。在浏览步骤中，你要对即将阅读的材料建立预期，并给自己一个初始框架来建构你的阅读目标。

除了书籍之外，你还应当考察一个学科中的所有重要概念。如果你没有在类似于书籍目录这样的结构中找到它们，那么你需要尝试自己创建。是的，这是一个困难的环节，但是，一旦你能够阐明所有的概念，并至少在表面层次上理解概念间如何相互关联，你就会领先于其他人。在浏览阶段形成将要学习的内容的大纲，从某种意义上看，这很像是在为自己策划一本"书"。

在这个阶段，你需要明确，在力所能及范围内，你会在哪个具体方面增长见识。举例来讲，如果你想学习所有心理学的知识，这将花费极其大量的时间，而且不可能一次达成。因此，你需要把主题具体化一些：比如精神分析的早期历史、西格蒙德·弗洛伊德和卡尔·荣格的作品、运动心理学、发展心理学，等等——心理学的可选内容非常丰富，包罗万象。

你还需要关注一下同时出现在一些不同信息源中的短语或概念，因为它们代表了你所选择的领域中经常出现的元素，这可能是你必须要去了解的事物。在深入研究任何细节中的概念之前，先画出概念间的联系和因果关系图。

- 提问。在 SQ3R 方法的第二阶段，你仍然无须深入研究资料。在提问阶段，你得多花费点儿心思集中注意力，并与你正在阅读的资料进行互动。你要稍微仔细地看看这本书的结构，并形成一些你想要回答的问题，或设定出你希望达到的目标。

在阅读一本书的提问阶段——或者更准确地说，准备开始阅读——你要浏览一下章节的题目、标题和副标题，然后以问题的形式重新表述它们，这样，就把作者给出的枯燥标题转变成了你要解决的挑战或问题。例如，如果你正在读一本关于弗洛伊德的书，可能会有一章叫作"弗洛伊德解析梦境的理论基础"，那么，你可以把这一章的标题改写为"弗洛伊德关于梦的解析的研究是如何开始的？他对这个主题的最初想法是什么？"，你可以把这个问题写在书的空白处。如果你正在阅读的这本教科书在每一章节的最后都给出了学习问题，那么这些问题也可以成为你想要寻求的知识点的优秀指南。

现在，你已经整理好了学习计划中需要用到的资源，你可以把一些你将要研究的主题改编成你想要回答的问题，或者你想要达成的目标。基于已经安排好的资源材料，以及可能观察到的组织模式，你希望在你的研究中找到什么样的具体答案？把它们写下来。这也是一个对你的问题给出答案框架的良好时机——比如做一个每日日志，一个自我管理测试，或某种"知识追踪器"。你目前无须回答这些问题，你只需知道，当你回答问题时，你将如何记录答案。

● 阅读。在这个阶段，你终于准备好深入研究这些资料了。因为你已经对资料拥有了一个大概了解，并为你的学习形成了一些问题和目标，当你最终坐下来阅读时，你会更加投入一些，你将去寻找你所提出的问题的答案。注意，在实际开始阅读之前，系统规划中还有一个容易被低估的方面，那就是建立对学习的预期。如今，你查阅所有资料已经有一段时间了，你可能会特别渴望赶紧深入研究，并且回答那些积累在大脑中的问题。

这一步是大多数人试图开始但却屡屡失败的地方，因为他们此时还缺乏知识根基，却有着不够理性的期望。

现在，你应当保持审慎从容的心态，调整好阅读进度，以保证你能更好地理解材料。这意味着要大大地放慢速度，对这些材料和你自己都要有耐心。如果有一段内容很难理解，要更慢地去阅读。如果没有弄清楚某个部分，停下来，回到开始，重读一遍。你并不是在读一本你无法放下的、引人入胜的小说，你所阅读的信息可能包含了密集的知识点，所以慢慢地、仔细地处理它，一次只处理一个部分。

阅读书籍可能是你学习计划的一部分，同样，那些视觉辅助工具、在线课程、互联网资源也可能是你的学习材料，就像你在阅读阶段使用书籍的方式那样去使用这些材料：审慎从容并且坚持不懈，目的是充分理解你要学习的每个概念。如果你感到迷惑，记得把它们倒回去并重新播放。计划好你的学习时间，以尽可能全面地提高理解水平。

● 复述。这一步在加工处理所学习的信息时是至关重要的，也是学习式阅读和娱乐性阅读之间最大的区别。现在，你已经熟悉了这些材料，复述阶段的目的是重新定位你的思想和注意力，以便你在前进的过程中更充分地学习。换句话说，这一步是关于实质性的内容记忆的。

对你所阅读的材料大声地、口头地提出问题，这些问题也是要点，和你之前在文本空白处写下的大量注释和下划线标识的关键点一样。复述可以通过口头的方式，也可以通过书面的方式进行。但重要的是，要用你自己的语言来重述这些观点，而不仅仅是把书中的段落抄录到一张纸上。通过这样做，你就会获得新知识，并能够用自己理解的语言来阐释，使得信息能够更容易被领会体悟，也对你产生了重大的意义。

举个例子，如果你正在看一本地质学书籍，你可以用以下方式重新措辞和重写要点，原始文本如下：

"这种比较表明，丘陵和山脉上侵蚀的缓慢进展与我们所看到的更快速、更可观察到的小规模侵蚀变化相似。"

你可以把上述文本重写成这样的内容：

"山脉和丘陵经历的腐坏过程与小洼地和河流一样，只是更缓慢。类似于棒球运动员衰退一样。"

　　我在这里所做的是把一个小的信息用不同的短语表达，最好是自己想出来的。这是一个用于复述的有效工具，对我个人而言，这也是让信息更有意义的好方法。我还添加了一点关于棒球的内容，因为我喜欢棒球，当我回顾它时，我可以立刻理解这个概念。

　　在整本书的学习过程中不断重复这样操作，这个经历会大幅度增加你的学习能力。

　　在你的学习过程中安排复述阶段是很棒的，因为它适用于不同的媒介，而且你能用很多种方式表达你的问题和叙述。

　　• 复习。这是 SQ3R 方法的最后一个阶段。你要回顾已经学习过的材料，重新温习最重要的知识点，并建立起记忆材料的技能。

　　罗宾逊将这个阶段分解到一周当中的不同时间里执行，在这里，我们不再赘述细节，只提到一些总体策略。包括：写出更多关于你所强调的重要部分的问题，口头回答一些问题，复习你的笔记，为重要的概念和术语创建抽认卡，用你自己的语言重写内容目录，构建一个思维导图等。任何可以帮助你深入研究、吸收和记忆信息的练习都是有用的策略（抽认卡非常有效）。

　　这一步会加强你对资料的记忆，此外，还有更多的作用。它可以帮助你看到该主题不同方面之间的联系和相似性，在刚开始阅读时你不一定能注意到这些；它也可以帮助你把概念和想法放到更大的语境中；它还可以提高你的心理组织技能，这种技能可以迁移至其他主题的学习。

你还可以把这一步看作是浏览步骤的自然延续。此时此刻，你已经获得了这个主题的大纲，也掌握了知识细节，现在你应当后退回浏览步骤，重新评估，并总结出一个与时俱进的、更加准确的、更加深刻的新知识脉络，再把它与复述步骤相结合，你的自学和获取专业知识的路径就会变成一条捷径。记得使用抽认卡、思维导图、时间线、课后问题、分类图表、评论性分析、综合结论，还要记得提问，"如果存在 X，那么它之后或之前是什么？"

SQ3R 方法不是能轻松拿下的，它非常详尽和细致，并且需要耐心和严格的组织计划才能实现。但是，如果你给自己足够的耐心和专心来认真、缓慢地对待每一步，你就会发现，这种方法对处理一个复杂的主题非常有帮助。如果你每次都坚持这样做，就会熟能生巧，一次比一次容易了。

在解释 SQ3R 方法时，我们也简要概述了大纲和笔记的作用，以及它们如何影响自学效果。毕竟，你不能只在头脑里组织所有的知识，还指望它会有效。

　　乍看之下，本章当中讲述的一些过程可能显得令人生畏或难以做到，但请记住这一点：在每个专家生命当中的某些时刻，他们对自己会成为专家的事情一无所知。无论他们是在教育机构学习还是自学成才，他们都经历过一段默默无闻的时光，在那段时间里，每个人都必须从一片空白开始，然后收集信息，并深深地潜入到这片不熟悉的水域中去。你绝对有能力做到这些专家必须做的事情，事实上，你可能比他们更容易达成目标，因为你可以找到比你想象的更简单的获得专业知识的道路。

 **本章要点：**

- 专业知识是建立在信息之上的，这个说法太过简单。能够收集、理解和使用信息才能使你具备专家的身份。如果不能做到，那你仅仅是个冒牌货。本章主要讨论了如何有效地收集信息、分析信息，并获得更深层次的意义。首先，你要建立信息库，然后再学习如何使用你所拥有的一切。

- 资料的使用方法大部分来自于有效研究的五个步骤，以及莫提默·艾德勒提出的不同类型阅读理论（还有相关的 SQ3R 方法）。

- 有效研究包括以下几个步骤：无差别地广泛收集信息、过滤信息来源、寻找主流观点和重叠部分、寻找不同意见、整合资料。这个过程会让你获得复杂精妙的知识，理解知识间的细微差别，而不是获得建立在奇闻轶事上的浅薄观点。大多数人经常到第三步就半途而废了。

- 有效阅读需要理解四级阅读层次，并知晓如何通过这四级阅读来获得专业知识。这四级阅读层次是：基础阅读、检视阅读、分析阅读、主题阅读。同样，大多数人也常进行到第三步就停下来了。

- 最后，SQ3R 方法是用来从资料源中提取信息的技术。该方法包括：浏览、提问、阅读、复述、复习。以上步骤不仅仅是攻读一本书的过程，它也能成为一个应对整个学科和领域的规划，以及成为你尝试自学任何知识的规划。大多数人会使用 SQ3R 方法的一些元素，比如采用阅读和复习部分，但如果不使用其他元素，几乎很少且很难达到深层次的理解。

# 第三章 »»»

## 高 效 记 忆

很多人可能是因为这一章才买这本书的。记忆是学习中最重要的部分之一，因为这是我们大多数时候的愿望——记住大量的信息，这样，我们就可以顺利通过许多测试和评估。

互联网时代，信息前所未有地容易获得，但对于任何一个想要培养专业知识的人来说，拥有良好的记忆力仍然是至关重要的。优越的记忆力是大多数知名专家都拥有的一个共同特征。能够随时回忆起重要的事实、叙述和数据将有助于你学习新信息：至少你不必中途停下来，去查找你已经忘记的细节。

记忆是一种技能，某些人比其他人更强，世界各地都有关于记忆的竞赛。但这项技能不是一成不变的，有许多已经经过验证的方法和实践练习可以极大地帮助你提高记忆能力。

所有的学习都发生在大脑中，它涉及对我们大脑物理结构的真实改变。如果记忆是一个存在于特定神经通路中的存储系统，那么学习就会改变神经通路，使个体的行为和思想适应新出现的信息。记忆和学习是相互依存的，因为学习的目标是吸收新知识并使之进入记忆，反之，如果没有学习新知识的能力，记忆也将毫无用处。

因此，是时候来学习一下如何更高效地记忆以及拥有过目不忘的本领了。人们会很想知道你学得怎么样了，因为强大的记忆会让你看起来像是拥有了超能力。现在，你所要做的是理解记忆的工作机制，并充分利用它。

让我们快速浏览一下你的记忆系统，看看它是如何工作和储存信息的。顺便说一句，我们所做的所有事情都可以在大脑机构中产生意义。

## 一、记忆的工作机制

### 1. 记忆的三个步骤

记忆是我们存储和提取有用信息的方式——当你想起某个信息时，真正的学习就发生了。创建记忆有三个步骤，其中任何一个步骤出现错误都会导致信息不能有效地转化为记忆，或者变成一种微弱的记忆，类似于"我想不起来他的名字，但记得他穿着紫色的衣服……"

记忆的三个步骤分别为：编码、存储、提取

● 编码。编码是通过感觉器官来加工信息的步骤。我们一直在持续不断地编码，比如你眼下正在做的。我们通过自身所有的感觉器官来编码信息，包括有意识和无意识的。如果你正在阅读一本书，那你就是在用视觉来编码信息。

在这一步，你投入的精力和注意力的多少决定了记忆的强度，也就是说，决定了信息是只进入你的短时记忆，还是穿过短时记忆的大门，进入你的长时记忆。假如你一边看电视，一边看书，那么你的编码可能不会太深刻或太强烈。

● 存储。存储是你的感觉器官体验信息并进行编码后的下一步骤。当这些信息通过你的眼睛或耳朵的时候会发生什么事？这些信息的去向会有三种选择，并由此决定了你是否能意识到它们的存在。存储系统有三个基本部分：感觉记忆、短时记忆和长时记忆。显然，我们学习和记忆的目标就是将信息存储在长时记忆中，而不是其他部分。

● 提取。记忆过程的最后一个步骤是提取，这一步是我们真正使用记忆，并且可以说学到了东西的时候。有些记忆你可能会毫不费力地回忆起来，也可能需要一个提示才能回忆起来；还有一些记忆可能需要按顺序或作为整体中的一个部分才能回忆起来，比如背诵字母表 ABC……，然后你意识到，需要把它唱出来才能回忆起字母顺序。通常情况下，你在信息编码和存储阶段投入的关注程度会决定你提取这些记忆的难易程度。

从某种意义上看，加快学习速度等同于提高你的记忆容量和记忆吸收能力——就像海绵一样。要做到这一点，你需要提升记忆的每个步骤：编码、存储和提取，每一个步骤都需要练习。这一章，你将会学到这些练习策略。

**2. 唤起记忆的几种方法**

学习既是加强记忆的过程，也是尽量防止遗忘的过程。为什么我们会遗忘呢？为什么我们会不记得某事了呢？为什么我们会让一些东西从大脑里溜走了呢？

遗忘通常被认为是存储过程中的一个失败或缺陷——你想保存的信息只进入了短时记忆，而非长时记忆。问题不在于你无法从头脑中找到这些信息，而是这些信息从一开始就被嵌入得不够牢固。

有时候，人们容易认为遗忘就是学习过程中的失败。其实未必如此，通常有三种不同的方式来检索你的记忆：回忆、再认、再学习。

● 回忆。当你在没有外部线索的情况下成功想起一段内容，当你可以凭空背诵一些东西时，都可以称之为回忆。例如，在一张空白的纸上默写世界上所有国家的首都。当你能够回忆起某事时，你对它的记忆就是最强的。要么你已经复述足够多遍，要么你对它赋予了足够的重要意义，所以它成了你长时记忆中一个极其强大的存在。

● 再认。指你可以在一个外部线索存在的情况下唤起记忆。你可能无法通过纯粹的回忆来想起某事，但如果你得到了一个小线索或提醒，你就可以想起来了。

举个例子，你可能无法记住世界上所有国家的首都，但如果你有线索，比如某首都的首字母或用首都名编的押韵打油诗之类的东西，它就比较容易被想起来了。

● 再学习（也称节省法）。这无疑是最弱的回忆形式。但是，当你重新学习或复习信息时，之后的每一次都会减轻一些付出的努力。举个例子，如果你在周一读记了一个所有国家首都的列表，花了三十分钟，那么你第二天读记应该只会花十五分钟，依此类推。

不幸的是，我们的大多数日常记忆都停留在第三种方式。我们可能对一个概念很熟悉，但却没有熟悉到能够在再次见到它时不需要重新学习的记忆状态。当我们接触一个新主题，或者把某个主题忘得差不多了的时候，就会发生这种情况。当你处于再学习状态时，基本上没有让任何东西通过短时记忆的门槛进入长时记忆。

如你所见，遗忘并不能简单地理解为话到嘴边说不出，或在脑海里翻箱倒柜找不到。有一些非常特殊的记忆方法可以让我们奇迹般地记住尽可能多的信息，本章剩余的部分将致力于介绍战胜遗忘的方法，以及如何更牢固地记忆信息。

在这一章中，我们需要学习许多技巧，所有技巧都是可行且即时可用的——它们都是提高信息吸收效果，并把你的大脑变成记忆海绵的方法。

## 二、间隔重复

第一种方法是直接针对如何战胜遗忘的。间隔重复也被称为分散练习。

间隔重复是一种提升记忆的重要技巧，因为这种技巧可以直接对抗遗忘，并允许你在大脑的能力范围内使用。其他同样重要的技巧，是关于提升编码或存储的——记住记忆系统的三个步骤是编码、存储和检索，间隔重复有助于最后一部分——检索。

为了能更好地记忆信息，将你复述和接触信息的时间尽可能长地间隔开来。换句话说，比起一个周末集中学习二十个小时，每天学习一个小时的记忆效果要好得多，这一点适用于你可能学习的任何东西。有研究表明，一天内看二十遍某个内容，远没有七天内看十遍有效。

如果把大脑想象成一块肌肉，那么间隔重复就更容易理解了。肌肉不能一直锻炼，然后几乎没有恢复就直接开始工作。你的大脑需要时间以在概念之间建立联系，创建肌肉记忆，并大体了解需要记忆的信息。睡眠已经被证明能够建立神经连接，且不仅仅是精神上的，你的大脑中会形成突触连接，树突也会受到刺激。

如果一个运动员在一段时间内锻炼过度，就像你试图玩命学习一样，结果就会发生以下两种情况：运动员要么筋疲力尽，后半部分的锻炼完全没效果；要么会受伤。对于学习来说，休息和恢复是必需的，而且努力有时候并不是。

下面来看看采用间隔重复方法的学习时间表是什么

样的。

- 周一上午 10 点：开始学习西班牙历史的初级课程，你做了五页学习笔记。

- 周一晚上 8 点：复习西班牙历史的笔记，但不要只是被动地回顾。务必尝试一下从自己的记忆中回忆这些信息。比起简单的重读和复习，回忆是加工信息的一种更好方式。这次可能需要花费二十分钟。

- 周二上午 10 点：不要过多地看笔记，努力尝试回忆信息。在第一次尝试主动回忆尽可能多的信息之后，再回头看看你的笔记，并检查遗漏了什么，然后标注你需要投入更多关注的信息。这次大概会花费十五分钟。

- 周二晚上 8 点：复习笔记。本次需花费十分钟。

- 周三下午 4 点：再次尝试独立回忆信息，并仅在你完成回忆后查看笔记，检查是否还有什么其他疏漏。这次只需花费十分钟。注意不要跳过任何步骤。

- 周四下午 6 点：复习笔记。本次需花费十分钟。

- 周五上午 10 点：进行主动回忆。本次需花费十分钟。

请观察这个时间表，我们可以看出，整个一周中你仅花费了额外的七十五分钟去学习，但是全部课程你复习了六次。不仅如此，因为你采用了主动回忆，而不是被动复习笔记的方式，你更可能会记住大部分的信息。

下周一，你需要参加一个考试。事实上，你在本周五下午就已经准备好参加考试了。间隔重复给了你的大脑足够的时间去加工新概念，同时，因为重复的练习，使大脑神经元产生了连接和变化。

来一起看看当你反复接触一个概念时会发生什么。在开始的几次接触中，你可能看不到有什么变化。当你对这个概念越来越熟悉时，你就会逐渐在更深的层次上检视它，并思考它存在的语境。此外，你将它与其他的概念和信息联系起来，并突破其表面含义，对它产生更深刻、更本质的认识理解。

当然，所有这些方法都是为了将信息从你的短时记忆推进到长时记忆中。正因如此，临时抱佛脚式的死记硬背和填鸭式看书并不是一种有效的学习手段。由于缺乏重复和深入加工分析，以上做法几乎无助于信息进入长时记忆。如此一来，信息会变成死记硬背，而非我们之前讨论过的概念学习，这种记忆注定会很快忘记。

当你开始学习某事物时，与其估算自己花在学习上的时间，不如试着测算你在初次学习之后复习相同内容的次数。将你的目标订立为增加复习的频率，而不一定是复习的持续时间。两者都很重要，但关于间隔重复或分布式学习的文献表明，给大脑留出喘息的时间是很有必要的。

的确，比起我们大多数人过去习惯的学习方法，这种最理想的学习方法占用了更多的时间和计划。但是，即使你的时间比较有限，你仍然可以策略性地使用它。

仓促应对测验、考试和其他类型的评估时，我们不需要让所有材料进入长时记忆中，只需要让材料略微越过工作记忆（短时记忆），只有一部分被编码进入长时记忆中即可。也就是说，我们无须在第二天回忆起全部材料，而仅仅需要一些能坚持几个小时的记忆内容就可以。

如果你忙着在最后时刻填塞知识，你就无法做到真正的间隔重复，但你可以小规模地模拟它。例如，不要在一晚上学习主题 X 三个小时，设法一天学习三次，每次学习一小时，且每次学习之间间隔几个小时。

记忆需要时间来进行编码并印刻在大脑中，因此，在你所能利用的时间范围内，你要尽量地模仿间隔重复。举个例子，为了最大化利用你有限的学习时间，当你早上刚一睡醒时，你就开始学习某些东西，然后在中午、下午 4 点、晚上 9 点，再复习一下。重点是在全天复习，并进行尽可能多次的重复。记住要关注频率，而不是持续时间。

在间隔重复的过程中，确保打乱顺序来学习你的笔记，以便在不同的语境中看到它们并进行更有效的编码。另外，使用主动回忆，而不是被动浏览。还可以尝试将不相关的材料分散学习，这样会获得交错学习的好处。确保关注你所学知识的根源概念，这样当你记不起来的时候，至少可以做出合理的猜测。

确保考试前的最后一分钟你还在背诵和复述新信息。状态好的时候，你的短时记忆可以容纳七个项目，所以，说不定这其中哪条没进入长时记忆的信息就会拯救你的考试。这看起来有点儿自欺欺人，且考完试差不多就把信息全忘光了，但这仅仅是为了让你应付一些特殊情况。无论何时，记得利用你意识范围内能用上的所有的记忆方式。

如你所见，间隔重复是一种另辟蹊径的学习方法——通过练习检索和增加频率而非传统的持续时间的方式来提高记忆效果。即使是在时间不充足的情况下，你仍能使用间隔重复来应对考试。总而言之，就是使尽可能多的信息进入你的大脑——再次强调，记得关注频率而不是持续时间。当你将学习和记忆过程分散到更长的时期里，并时常复习同样的材料时，记忆效果会更好。

提升记忆效果的下一个方法叫作组块。与间隔重复不同，你可能以前听说过它，或许你现在也正在使用。

## 三、组块

组块是一种你以前可能听说过的记忆技巧，掌握组块技巧很重要，因为它可以大幅度地减少你必须记住或学习的信息量。怎么做呢？组块是一种观察信息的方式——编码信息——并将其转换成我们大脑更容易加工的信息。

### 方法一：多个信息单元组合

组块是将多个信息单元组合成更少信息单元的行为，这样会更容易记住。助记术是组块的一个例子，使用首字母缩略词也是一样道理。举一个简单的例子，来看看组块的工作原理：如果你想记住一个电话号码，但你发现很难记住七个独立的数字，它们是七个信息单元，需要你的大脑逐个去编码、存储，并在需要时尝试提取。

然而，你可以创建两组三位数的数字信息和一组一位数的数字信息，这样会让你的大脑更容易进行加工。将1234567变成123-456-7，如此就不是七个信息单元了，就变成了两到三个。现在问问你自己，哪种方式更容易记住呢？

这就是组块的力量——它将大量的信息转化为了更容易消化和管理的少量信息。此外，组块也很容易完成，因为你要做的就是把多个事件整合成一个，你的大脑也会相应配合这种编码。

组块的出现是因为"魔法数字七"——这是乔治·米勒在1956年的一个研究成果。他认为，大多数人能够在他们的短时记忆中存储五到九条信息，平均可以存储七条，这就是"魔法数字七"的由来。

但值得注意的是，一个信息单元的构成可能存在极大的差异，因此，将信息编码成组块可以显著提升我们的短时记忆存储量，使我们的记忆效率大大提高。更准确地说，我们可以一次在短时记忆中保存五到九个信息组块。你可能还记得我们之前说过，短时记忆的容量有限，而组块则可以在有限的容量内塞进尽可能多的材料。

方法二：创建新的信息单元

另一种组块的方法是从多个信息单元中创建一个有意义的信息单元。无论你正在分析或试图记住的信息列表是什么，都尝试把它分解为五到九个信息单元。这不仅会让你用更加细致的眼光来分析信息，也会充分利用到米勒的"魔法数字七"，并用你的大脑能够接受的方式来输送数据。

如何在你的学习中使用组块呢？对于记忆列表类信息来说，组块是最好的方法——它们不一定是相关的东西，你只需要找到一种组合它们的方法。之前，我们有一个电话号码的例子，就是把单独的信息单元合并成更少、更大的信息组块，这也是如何将一个列表整理成一个更短列表的方法。

再举一个例子，现在要记住在杂货店购买物品的清单。你如何从中创建组块？通过寻找清单上物品之间的模式和关联试试看，你也可以根据物品整体的意义和功能来组块信息。查找哪些物品具备共同点，以及如何区分它们与其他物品。

假设清单上的物品有：面包、意大利面、肉、洋葱、辣椒、西红柿和大蒜。初步看来，可以分为以下几个类别：

- 面包、意大利面（bread，spaghetti）。
- 肉（meat）。
- 洋葱、辣椒、西红柿、大蒜（onions，peppers，toma-toes，garlic）。

通过对清单中的物品分门别类，你已经创建了三个信息组块，而不是之前的七个信息单元了。当你需要记忆的时候，三个比七个要好记多了。

最后再举个例子：对上述清单中每个单词的首字母使用助记术。我们之前使用的购物清单中单词的首字母是：b、s、m、o、p、t、g。我们可以把它们组织成更容易回忆起来的两个单词，比如 SPOT、BMG。现在，你用两个信息组块代替了七个信息单元。

组块使你了解了个体记忆的局限，以及如何优化信息来适应这些限制。组块还可以让你利用大脑更喜欢的方式运作，并减少你必须做的工作量。组块可以适用于你想记住的几乎任何类型的信息，你只需要有创造性，并知晓如何把信息单元分开或组合在一起，然后你就能够有效减少你要记忆的信息单元数量了。

## 四、检索练习

我们之前讨论过，回忆是检索记忆和信息的最强、最理想的方式。

回忆越是主动积极，记忆效果越好，因为这可以让你的记忆参与到注意过程中。检索练习能够让我们深度挖掘自身的记忆库，并让大脑更努力地工作。与此同时，这也是真正记忆信息的最有效的方法之一，以下是它为何有效的原因。

## 1. 检索练习让学习成为主动行为

我们通常认为学习就是吸收一些东西——那些进入我们头脑的东西，比如教师或教科书输出的事实、数据、公式和单词等，我们只是坐在那里，收集它们。这仅仅是一种积累——一种非常被动的行为。

这种学习的方式使我们无法长时间地保留那些知识，因为即使我们学习了知识，我们也没用它们做太多的事。为了达到更好的效果，我们需要使学习成为一个积极主动的行为。

这也是检索练习的作用所在。检索练习不是在我们的大脑中放入更多的东西，而是帮助我们从大脑中取出知识并投入使用，这正是巩固记忆的方式。这种看似思维上的微小变化极大地提高了我们保留和记忆所学知识的概率。

每个人都记得童年时代的抽认卡。卡片的正面有数学方程式、单词、科学术语或图片，而背面则有"答案"——解题方案、定义、解释或任何期望学生给出的回答。抽认卡的创意就是源于检索练习的概念，这种方法既不新鲜，也不复杂——在某个图案或描述（正面）的提示下，你能回忆起学过的信息（抽认卡的背面）。

**2. 检索练习促进记忆**

检索练习是加强记忆力和保存信息的最佳方法之一。但是，尽管它的核心理念相当简单，实际使用检索练习并不像使用抽认卡或浏览笔记那么容易。相反，检索练习是一种主动积极的技能——真正地努力学习、认真思考、加工信息，直至最后，达到在没有外部线索的情况下回忆信息的水平。坚持练习，就能加速学习。

在一年半的时间里，普贾·阿加瓦尔对正在学习社会学的中学生开展了研究，研究于 2011 年结束。这项研究的目的是观察那些定期安排的、非正式的小测验（基本上是在锻炼检索练习）是如何提升学习和保存知识的能力的。

课程教师没有改变现有的学习计划，仍像平常一样教学。学生们需定期接受由研究团队开发的、基于课堂教学材料的小测验，但小测验的成绩不会计入他们的学分。

这些小测验只涉及了教师教学材料的大约三分之一，此外，当学生们进行小测验时，教师必须离开教室，所以教师没看到小测验包括了哪些主题。课堂上，教师也是在不知道小测验考察了哪些知识的情况下，像往常一样教授和复习课程。

这项研究的结果是在课程结课考试后公布的，且实验结果非常惊人。学生们在小测验测试过的材料（涵盖全部课程中三分之一的内容）考题上的得分，比那些没测试过的材料考题的得分高了整整一个等级。仅仅是偶尔接受测试，且没有要求答对所有题并获得高分的压力，实际上就能更有利于学生们的学习。

阿加瓦尔的研究还提供了关于哪种类型的问题最有助于学习的建议。要求学生从头开始真正回忆信息的问题比多项选择题好很多，多项选择题的答案可以从列表中识别出来，判断正误题也是如此。在没有语言或文字提示的情况下，积极努力地回忆答案提高了学生的学习效果和记忆效果。

**3. 如何真正用好"检索练习"**

检索练习的主要优势在于，它鼓励主动积极地运用记忆，而不是被动地填塞外部信息。

如果我们从自己的大脑中提取出概念，它会比不断地尝试输入概念更有效。真正的学习是吸收添加进来的知识，且在今后还能将它取出使用。之前，我们提到过抽认卡，它是检索练习的一个分支，但抽认卡本身不是一种策略。你可以使用它们，不过仍然不一定能实施真正的检索练习。

例如，许多学生都在消极地使用抽认卡：他们看到提示，在脑海里略做回答，并告诉自己"我知道这个"，然后翻转抽认卡看一下答案，继续拿出下一张。然而，转变成检索练习应该是这样的：花费几秒钟的时间来真正回忆答案，最好能在翻转卡片之前大声说出答案。这种差别似乎很细小、很微妙，但这很重要。继续下一张之前，进行真正的检索和口头回答，会使学生们从抽认卡中获得更多的益处。强制你自己进入类似使用抽认卡和检索测试这样的情境，会让你的记忆效果达到最佳。

在真实的环境中——通常没有外部的老师、预先制作的抽认卡或其他的辅助学习工具——那我们如何灵活利用所学方法进行检索练习？一个不错的办法是扩展抽认卡，使它们更具"交互性"。

我们小学时期使用的抽认卡大部分都是非常简单的，现在，通过对抽认卡的背面采取一种新思路，你可以将抽认卡调整为一种能够适应更复杂的、更真实的环境或自学时能用的新方法。

当你正在学习课程或工作资料时，可以制作正面为概念，背面为定义的抽认卡。在完成这个任务后，再制作另一套卡片，用以给出如何在一个创造性的或现实生活的情境中重新加工概念的"指令"。示例如下：

- "只用一句话来重写这个概念。"
- "写出一部电影或小说的情节来演示这个概念。"
- "用这个概念来描述一个真实生活中的事件。"
- "请描述一下这个概念的对立面。"

在寻求如何检索方面，其中的可能性是无限的。请记住，你的目标是要让自己进入到记忆中去，展示某个信息，然后再把它放回去。

为了让你的抽认卡发挥出最大的效用，最好能够制作两套。第一套只包含定义和单独的概念：给出一个词的提示，答案也是一个词或一句话。第二套抽认卡包含尽可能多的关于一个概念的信息，这样，你将会被迫用一个单词的提示来回忆所有的信息，这也就是我们之前所说的组块信息，这将有利于信息以一个较大的组块进入你的短时记忆（平均只能容纳七个项目），而不是作为一个小的、单个的信息单元。这意味着，当你把更多的信息放在一张抽认卡上时，这些信息将变成一个组合单元，而不是之前的好多个单元。

当你浏览抽认卡时，把你答错的卡片放回卡片堆的中间或前面，以便你更快、更频繁地看到它们，这样做会帮助你克服错误，并更快地记住它们。

使用这些练习可以提取出更多来自你个人理解的关于某个概念的信息。将该概念放在一个创造性的叙述或表达的语境中，能帮你在现实生活中更好地理解它们。

使用抽认卡进行检索练习非常简单，它也能用于自我测试。当大脑更努力，从记忆中挖掘出这些信息时，你会发现这些信息已经被牢牢地记在了头脑中。除了基本的抽认卡，想象和重释信息还可以测试出你的理解程度和当前知识的局限。重要的是，保持不断地输出信息，你的记忆就会大大提升。

接下来会介绍关于改变环境，以及环境或语境与你的记忆相关联的方式。当我们闻到玫瑰花香或某些气味时，为什么会想起年轻时的时光呢？因为记忆是与周围的环境相关联的。后面我们将展示如何利用这个特点。

## 五、变换环境

变换环境听起来似乎与记忆和学习一点儿关系都没有，那么它如何与本章的主题及其他部分联系起来呢？

注意，我们的记忆不仅仅是在我们想要回忆它们的时候才会被触发的。记忆有时候会被无意识地触发，因为它们与我们制造这个记忆时周围存在的一切事物都有关联。这就是为什么气味或歌曲可以立即把我们带到另一个时空中去，当这段记忆形成的时候，那些特别的气味和歌曲也恰巧出现。

这项技巧关乎于一种现象：在不同的地点和环境中学习相同的材料，有助于记忆的保存。

罗伯特·比约克的一项研究发现：信息会被整体化地记住并编码到我们的记忆中。这意味着，如果你在一个水族馆里学习西班牙语，你的记忆会下意识地将两者关联起来。同样，你的记忆也会将你那天穿戴了什么，吃了什么，水族馆里的气味，以及你周围环境中视觉上突出的东西都关联起来。就你的记忆而言，这些外部信息全都被打包在一起，包括那些你试图记忆或学习的重要信息。

这意味着两件事。

首先，仅仅通过接触相同的气味和视觉刺激，就可能唤起你对西班牙语的记忆。如果它们是信息整体记忆的一部分，那么它们就会提醒你剩余的部分。换句话说，如果你再次来到一个水族馆里，或者看到一个水族馆的照片，完全有可能会让你想起当时你学过的关于西班牙语的信息。

其次，如果你在学习和加工相同的信息时经常变换场所，你就能加强你的记忆，因为这些资料将会与多个场所、气味和各种刺激建立关联，有助于你记忆资料。研究人员认为，这样做增加了神经通路和记忆存储。有越多的刺激能够触发回忆和信息，回忆和信息就会越深刻地编码进入你的记忆，就像一张不断扩大的网络一样，记忆和信息都与其发生的环境有关联。

这些对你来说有什么启发呢？当你学习相同的信息时，你应当尽可能频繁地更换环境。如果你不能完全更换地点，那么试着改变桌子上的东西、正在听的音乐等——即改变那些任何能影响你五种感官的东西。变换的刺激越多，信息在你的记忆中产生的根系就会越广。

科学家还发现了记忆和其他行为之间的联系。蒙特克莱州立大学的露丝·普罗珀发现，即使是肌肉的收缩，比如紧握右拳，如果与背记信息同时进行，也可能潜意识地会与信息和记忆联系在一起。实验如下，第一组被试者在执行记忆任务的时候，右手紧握一个圆球，而其他组要么没有动作，要么只是紧握他们的左拳。

结果是第一组被试者通常表现最好。为什么会这样呢？这可能类似于更换环境会增加记忆保存的原理，也就是因为刺激物越多，检索信息时的线索就越多。

可以将这些现象看作是，在你的大脑中，外界刺激为你需要的信息创造了更多的通路。每次更换环境，或将信息与其他东西关联起来时，都为信息的提取和深层编码创造了更多的通路。

　　举个例子，如果你是在上午九点到下午三点之间学习，期间有六个小时。你可以计划每两个小时更换一次场所，这样有助于你进行语境编码和检索。为了更进一个层次，你还可以在每个场所添加不同的温度、声音、气味和视觉景象——每一种感觉都可以帮助你制造线索和回忆信息。

　　为了充分利用这些科学研究所证实的结果，记得在学习期间让自己接触不同的环境、场所和情境。将你的学习过程分开，每隔一两个小时就去不同的地点，接触不同的刺激物。总结一下：变换环境，增加刺激物，养成四处移动的习惯。记住，这能够让信息与你的大脑产生更多的连接，并帮助你回忆它。

## 六、构建生动的意象

　　在脑海中构建生动的意象，你能猜到这为什么有助于记忆吗？举一个简单的例子，当你回忆过去时，你会想起来什么？枯燥无聊的事情或是令人兴奋的事情？毫无疑问，你会记得那些令人兴奋的事情，因为它们让你印象深刻。平时我们追求更好地学习和记忆时，可以参照这个原理。

　　大量的研究表明，视觉线索可以帮助我们更好地检索和记忆信息。当你认识到我们的大脑主要是一个图像处理器（大部分感觉皮层都被用于视觉），而不是一个文字处理器时，就能够理解关于视觉学习的研究成果是很有意义的。事实上，与解读视觉图像的区域相比，大脑中用来加工文字的区域是非常小的。

　　文字信息是抽象的，所以大脑很难保存，而视觉信息是具体的，因此更容易记住。为了说明这一点，请你试着回想一下，过去上学时每周必须学习的一组新词汇。

　　现在，再请你试着回想一下你的初吻或高中舞会。结果很可能是这样的：那时的你必须付出巨大的努力去记忆新词汇，相比之下，那时的你在初吻或参加毕业舞会时，我确信你根本就没花费一点努力去记这些事。然而，现在的你却可以快速地、毫不费力地"看见"往昔那些经历，即使时隔多年。请感谢大脑中那个惊人的视觉处理器，它能够让你轻松地记住生活经历，你的大脑会自动地为你记住这些事，甚至你自己都没有意识到它在做什么。

　　已经有无数的研究证实了视觉图像在学习中的力量。例如，一项研究要求学生记住许多词汇组，每组由三个单词构成，比如狗、自行车和街道。回忆环节中，那些试图通过多次复述来记忆这些单词的学生表现很差。相比之下，那些努力与这三个单词建立视觉联系的学生，比如想象一只狗在街上骑自行车，他们明显表现更佳。

根据研究结果，有效地使用视觉图像可以减少学习时间，提高内容理解，加强检索能力，并增加保存数量。记忆大部分是视觉形式的，所以我们应当利用这一点。

那么如何去做呢？列出一个你想要记忆的物品清单：兔子、咖啡、毯子、头发、跑步、仙人掌、茶、山脉。共计八个项目。

这看起来似乎很难记住，因为所有的东西都是不相关的。但是，你可以尝试一种更好的途径：为每一个项目创造一个栩栩如生又非同寻常的心理意象，不一定必须是这个词的字面意思，甚至不一定与这个词相关。

举个例子，你能够为"兔子"创造出什么意象？你可以使用一个正常的、可爱的兔子的心理意象，但这在你的记忆中并不独特。你可以在脑海中天马行空地想象一下，"兔子"这个词能让你想到什么？或许是一个符号，或者这个词听起来像什么，又或者这个词是如何写出来的。你的想象越是夸张和不同寻常，你就越容易记住，因为人们很容易忘记寻常的事物。

当你把同样数量的意象信息放入这个列表的八个项目中时，你会更有效地记住它们。这不仅仅是利用你的大脑工作机制，也让你将注意力和时间放在了选择一个合适的心理意象上。

当你能够养成习惯，不停留在信息表面意义上而是更加深入地思考信息，并为之构建生动的心理意象，使它在你的脑海中脱颖而出时，你将会更好地记忆信息。这甚至只是一个花时间挑选生动形象来让信息进入大脑的简单行为，但无论如何，这是有效的。

## 七、创建故事

让我们从一个类似于上一节的问题开始这一节的内容——你更容易记住哪部电影？一部无聊的电影，还是一部激动人心的电影？毫无疑问，你更容易记得那部激动人心的电影，因为它打动了你。换言之，它是令人难忘的。

让我们从一个例子开始，感受一个故事带来的不同。

首先，试着按顺序记住这些单词：兔子、咖啡、毯子、头发、跑步、仙人掌、茶、山脉，这和上一节的列表相同。

现在，拿出一张纸，按照列表中的正确顺序写下你记得的单词。看看你能记得多少个？

大多数人能够记住三到四个单词。如果你记得更多，说明你的记忆力不错。但正如你所见，完全依靠自然记忆并不是什么好办法。如果你能记住清单上 50% 的项目，就已经被认为很好了，可对于学习来说，这不是一个合格的底线。

现在，我们来谈谈这个技巧的要点，那就是创建一个包含所有这些项目的故事。当你能够在项目之间建立有意义的联系，而不是试图记住枯燥的单个项目时，你会记忆得更好。故事最终会成为一个大的信息单元，取代八个不同的信息单元，这与本章之前讲过的信息组块的情况异曲同工。

通过为这些单词创建一个故事，你就可以更容易地按照正确顺序记住所有这些单词。你可以用现有的这张列表来创建什么样的故事呢？与之前的方法一样，它越是不寻常和夸张突兀，就越是令人难忘。

提醒一下：兔子、咖啡、毯子、头发、跑步、仙人掌、茶、山脉。

故事可以这样开始：一只兔子因为贩卖藏在咖啡里的毒品而进了监狱。在监狱里，它试图用毯子和头发绑在一起制作武器，来攻击它的狱友。忽然有一天，它在监狱的院子里跑步的时候，发现了一个仙人掌。它用这个仙人掌交换了三公斤的茶，贿赂了狱警，于是得以在监狱上方的山脉里逃脱，从此再也没有出现过。

其中一个项目会成为一个大脑触发器，它可以帮助你想起下一个项目。这就像听到一首歌，歌曲的每一段都会让你想起下一段，然后你就能想起歌曲中的所有词句。

这种技巧的主要原则是使每个项目都独具特色（想象），且与另一个项目有所关联（联系）。你编造的故事越离奇越好，它越是独特，就越容易停留在你的脑海里。当你编造故事的时候，尽量让它在头脑中视觉化，并添加尽可能多的颜色和动作。把这个故事练习两到三次，然后测试一下，看看自己能记住多少。正如之前所说的，这些提高记忆的技巧是非常有效的，因为它们利用了记忆的工作机制。

创造故事是另一种让你对信息投入高度注意的方式，使得信息产生某个方面的意义，并使你更容易回忆起它。其主要的思想是从无意义和不相关的事物或信息中创造意义，使它们更容易被记住。

## 八、思维导图

本章最后，我们来谈谈另一种辅助我们记忆的视觉方法。

现在，我已经完全迷上了思维导图的练习。这是一种组织信息的方法，它以对我们有意义的方式强调关键概念、元素、过程和想法之间的关系，使之更容易让我们的大脑吸收、理解。我将思维导图应用于各个方面：学习新主题、头脑风暴新故事、组织事件，甚至作为一种日记。

思维导图也是提高记忆效果的完美工具。思维导图的本质依赖于对主题和联系的视觉表征——正如我们现在所知的，视觉在记忆方面特别有用。

创建一个思维导图是很简单的，有些像记忆树。第一步是提出一个核心概念或主题："番茄酱""修理汽车变速器""英国纹章学""漫威漫画宇宙"，等等。不夸张地说，你能想到的任何主题都可以放在导图中心。

从中心出发，你再画出与核心主题相关的次一级主题的分支。例如，你正在研究番茄酱，你可以将涉及酱汁的某些菜系放置到初始的分支上——"意大利菜""墨西哥菜""西班牙菜""印度菜""美国菜"，等等。

在这些主题下面可以继续绘制与更广泛的想法相联系的分支。例如，在"意大利菜"下面，你可以列出源自意大利的某些类型的番茄酱："马瑞纳拉调味汁""普塔内斯卡酱""波伦亚肉酱""阿拉比托酱"，等等。在每一种酱汁下，你可以根据具体的配料、烹饪策略、葡萄酒搭配等来绘制分支——用思维导图来分类真的没有任何限制。

在这种模式中使用什么样的文本完全取决于你，但思维导图的本质是鼓励简洁明了——所以如果你使用关键词或短语，它们会非常有效，通常比长句子更容易记忆。

思维导图也是使用颜色和图像来表示某些元素的好方法，这样能利用视觉在记忆方面的优势。例如，在意大利番茄酱这个广阔范围里，你可以用一勺子绞肉的剪贴画来代表波伦亚肉酱（一种以肉为底料的酱汁）；阿拉比托酱是辛辣味的酱汁，所以你可以用一个红辣椒来展示。这也是助记术的一种方式。

思维导图中的组织结构是其能够加强记忆的原因之一。关系、连接、层级和关联等都很容易在思维导图中显示出来。正如我们之前讨论过的，理解元素之间的关系和联结增加了我们记住它的概率。

把思维导图画在纸上是非常有趣和有效的。你可以随时添加颜色和自己的手绘图案（这也有利于记忆），也可以使用思维导图应用程序，它会让重组信息变得特别容易——你可以把一个分支移动到任何你想要的地方，或者在不同的分支间快速地画线，随你所愿。

思维导图的组织性和视觉性对于提高记忆效率起到了很

好的作用。这些导图还可以帮助你绘制出一个大图，向你展示一切事物是如何与某个主题相关的，这种基础对于发展更好的回忆技巧是非常有用的。

关于记忆这一章接近尾声了，篇幅较长。这是因为对于许多人来说，提升学习效率的核心就在于掌握如何更容易、更快速地记忆或填塞信息。

 **本章要点：**

- 记忆是一件很有趣的事情，它变化无常，有时还难觅踪迹。本章所介绍的策略将竭力防止这种情况的发生。

- 记忆过程包括三个部分：编码、存储和提取。为了检索记忆内容，这里有三种可能的途径：回忆、再认和再学习。

- 使用间隔重复，用频率，而不是持续时间来衡量你的复习。

- 使用组块来创建更大但数量更少的信息单元。

- 使用检索练习来提取信息，这会使信息更牢固地储存在你的记忆库中。

- 改变环境，因为记忆是情境化的，你周围的环境也将成为记忆的一部分。

- 构建生动的意象，因为人们倾向于更容易记住那些异常的事物。

- 创建故事，既有逻辑意义，又有令人难忘的生动情景。

- 使用思维导图以视觉化表征你的思想，并简洁地组织概念，巩固概念之间的关系。

# 第四章 >>>
## 获得专业知识的途径

　　达到专家水平这件事并不是一个必须按既定顺序实施的事件或计划，它只是一个最终目的地。你可以使用许多途径和成功案例中的方法来成为专家。本章介绍了几种获取专业知识的最佳方法，以及如何策略性地进行时间管理。

　　我们将要讨论的途径模式具有不同的关注点和方法论，但殊途同归：目的是让你成为某一学科中知道最多、做得最好的那百分之一的顶尖人物。此外，请记住，你不需要且没必要使用所有这些模式，你只需选择其中一种。事实上，你应当养成只选择一种的习惯，并由此一路前行，而不是让无休止的分析对比成为你的障碍。

　　举个例子，假设你有两位朋友都成了占星术的专家。其中一个人通过遵循一个权威榜样的行动和发展路径来获得专业知识——这个榜样是一位著名的占星学家，他的工作较容易被研究和模仿；而另一个人则大量浏览了一系列的书籍，并通过思维导图记录了学习过程。这些获得专业知识的方法大相径庭，但都是可以采用的有效方法。这些途径没有什么正误之分，适合你的就是最好的。

## 一、效仿榜样

在某个领域中，无论有意识还是无意识的，我们所有人都可能有一个心目中钦佩和尊重的模范人物。因此，开始建构专业知识的一个好方法是，模仿榜样——某学科中值得追求和学习参照的典范。

模仿某个榜样的思维过程、行为活动和结果会帮助我们了解迄今为止在书中讨论过的几个层面：了解整个主题领域的概况、填补知识空白、学习建构和精进知识的途径。你不需要让他们成为正式的导师，甚至无需了解他们，你只需要有一个榜样，可以让你模仿具体的前进步骤就足够了。榜样还可以只是一些你仅仅想要观察的人：当你还是个小孩，想要学习系鞋带时，你会去看别人是怎么做的。事实上，我们在孩童时期学到的大多数实践技能都是通过观察我们的兄弟姐妹和父母行为得到的。

榜样的作用不是仅局限于让我们去关注和钦佩他的成

就，而是更要注意他们变为专家的步骤和路线，通过观察他们做了什么、说了什么、以及调整我们自己的相关信息来促使我们达到他们的专业知识水平。

哈佛大学教授兼作家多罗西·伦纳德认为，可以通过以下七个步骤实现如何跟随榜样成为专家。

**1. 找到最佳榜样**

在你选择的专业知识领域里，谁是领军人物？谁在他们的专业领域中获得了最多的赞誉和欣赏？谁和你有着相似的起点？谁最能激励你？以你现在的情况，努力之后最有可能达到谁的水平？你最想要仿效他们之中的哪一个呢？

在你的专业领域中找到擎旗者并不难，他们的名字会反复出现在网络媒体或电视上，也会经常出现在你的搜索结果中。比如，在天体物理学的搜索结果中，尼尔·德格拉斯·泰森的名字到处都是。而在戏剧表演研究中，康斯坦丁·斯坦尼斯拉夫斯基备受推崇。即使他们已经去世了（比如斯坦尼斯拉夫斯基），你也应该能够从他们的经历中找到你可以吸收和借鉴的元素。你还可以在网络上找到关于他们的工作和成就的丰富资源。

还有，不要忽略那些离家较近的，你可能更容易接触到的，不那么有名的专家。比如给你授课的大学教授，或在当地具有知名度的商业领袖。如果你想寻求餐饮界的专业知识，你可以选择去看看你的榜样在当地的工作和生意情况。任何人都有可能成为一个榜样，不要仅仅在你的领域中搜寻那些所谓的"名人"。通常来说，最好的榜样应当是那些你很感兴趣，也最容易接触到的人。俗话说，能吃到的才算好饭，同样的道理也适用于此。

**2. 评估你和榜样之间的知识差距**

你不会在一夜之间获得榜样的全部知识。但在某些情况下，这可能也不会花费你想象中那么长的时间。比如，你和一位主厨之间的知识差距肯定比你和一位航空学专家的知识差距小多了。

你的榜样在他们的领域中具备了广泛的知识。他们研究了大量的理论内容，并在该领域中积累了丰富的实践经验。他们能流畅地谈论自己的专业知识，并用专业知识创作出具体的成果，比如写一本书、建一栋房子或是做一个婚礼蛋糕。

将迄今为止你在该领域中所取得的成绩与他们进行比较。你学习这门学科有多长时间了？你有多认真地去学习？你向其他人解释该学科时是否感到困难？在你学习该学科的过程中产出了什么成果？你的知识空白在哪里？你的榜样是如何填补知识空白的？

确定一下，在专业知识方面你还需要花费多少代价才能达到榜样的水平，要尽可能具体一些。如果差距不大，你应当对自己成为专家的机会感到更加有信心有把握。如果差距很大，你还需要花费更多的精力和资源才能达到他们的水平的话，认真考虑一下，你是否想继续做出长期的努力。

3. 自己学习

真正开始行动吧！特别是如果专业知识差距很大的话，在没有其他人指导的情况下，你要尽可能多地学习和掌握知识。自学是追随榜样步伐的一个先驱行为，你可以由此看看开始时仅靠自己能走多远，走着走着，没准儿你会为自己感到惊讶，甚至你可能会想出一个连你的榜样都未曾考虑过的新颖观点。

当然，这首先要从静心学习和研究你收集到的信息开始。

还有什么可利用的资源？网上有丰富的在线课程可以教你任何东西：从编码到世界历史、从艺术鉴赏到单口喜剧，这些课程通常都是合理的经济投资，有的时候甚至非常便宜。此外，你还可以寻找一些知识水平与你相近的同辈人，和他们聊聊他们目前为止学到的东西，以及下一步的学习方向。这一步中，你还可以开始大量深入地阅读材料，研究历史或新闻故事，甚至做一些适合你所选主题的非正式的实验。

**4. 恳求专家给你指导**

这个阶段，如果你偶然能与专家建立沟通联系，你可以考虑请求他们腾出几分钟的时间给你。很多人会乐意答应的，因为每当有人要求他们谈一谈专业知识时，这常常是一种潜在的鼓励。但这里有一个重大的注意事项要说明。

当你与任何真正的专家接触之前，在所学主题方向上，你应当至少有一个扎实的知识基础，不要让专家认为他们需要从头开始来教给你一切——这是一种懒惰的提问方式，也是在浪费专家的时间。问题总是受欢迎的，但懒惰的问题会让专家认为你是个不愿意努力钻研的人。你至少应该具有足够的预备知识来理解他们的答案，比如你就关于勃朗特姐妹作品的问题去咨询一个英国文学专家，你最好真的读过勃朗特姐妹的书。

但是一些专家可能仍会犹豫是否要与你接触，他们可能出于个人隐私问题，也可能只是没有时间。在你与专家建立联系之前，务必做大量的调研工作，以此证明你对这个主题的严肃认真，同时使专家相信他们不用从零开始讲解一切。

确保专家知道你不需要他们提供很长的时间给你——所以要让你和专家的每一次会见都尽可能简短。即使只是通过电子邮件提问，也尽可能让问题清晰且易于回答（比如可以用"是"或"否"来回答），除非他们自己想要多说些。

### 5. 学会汲取知识

绝大多数的时候，新知识都不会从天而降，且恰好掉在你的面前——你需要自己努力并得到它。仅仅因为你找到了一个想要追随的榜样或导师，并不意味着他们会把所知道的一切下载到你的大脑中。你必须想出最佳方法来提取出你从榜样那里寻找到的知识。

不要期望你咨询的榜样会告诉你如何学习——专家们不会给你叙述要点，帮你总结学习经验，或者递给你一个教学大纲。即使你想在同一个主题上寻求达到专家们的水平，但因为他们接受教育的方式与你不同，他们达到这个水平的路径与你不同，期望他们把要教给你的东西框定在你选择的模式里只会让你们双方都感到挫败。如果你做出自己的尝试，接受他们给予你的东西，然后用你自己的模式来消化。这对你的知识以及你与榜样的关系都会大有好处。

不要因为不知道该从何处开始而感到气馁，仔细寻找机会来培养你的专业知识。学习如何像海绵一样不断吸收新的信息，并把它作为一种习惯；寻找一些案例，永远记得多问"为什么"，积极主动地提出问题，不断跟进，确保你不会疏忽一些重要的事；释放你的空杯心态，等待知识的输入，就像我们通常在学校里接受教育一样。

这一步很难给出明确的指导，因为每个人面临的情况和交流内容都是不同的，但是总的来说，你需要仔细考虑，当你带着一个特定目的去咨询别人时，你应当如何做？首先，你要将理解且支持他们的言论摆在首位。

**6. 观察专家的行为**

如果你已经结识了一位专家，试试看你能否安排自己成为一个旁观者，就像华生观察夏洛克·福尔摩斯一样（尽可能安静低调地观察）。如果专家允许你跟随他们学习，请注意密切关注（安静地）和观察他们是怎样解决问题的。

当你观察专家们工作时，记得问自己一些问题，比如关于他们在工作过程中采取的步骤等。不要直接发问来打断专家们——相反，自己去思考他们为什么这样做，最终的结果会是什么，你甚至可能会想出一种不同的解决问题的方法。注意观察理论如何结合实践，不然即使你阅读一千遍材料，仍然不知道在时机到来时该如何运用它。

如果你所选择的专家并未与你建立个人联系，请尝试在油管（YouTube）或其他网络资源中寻找他们的工作案例。这样一来，你就可以不用征求专家的允许而获得所有的观察权限，也不会产生打断他们的冲动。这绝不是一个被动消极的过程，因为它基于这样一个议题：图像抵得上千言万语。有时候，人们加工视觉信息会更加高效。无论如何，演示会给你关于专业知识在真实世界如何运用的直接经验，而不仅仅是学术的、间接的版本。由此你可以发现专家们在关键时刻做了什么以及为什么这样做，比如所谓的贸易技巧，这是你在理论研究中收集不到的东西。

### 7. 寻求迷你体验

你的榜样可能会有一些典型的经历，而你可以试着寻找这些经历的"小型"版本来体验一下。当然，他们经历中的一部分你确实无法企及。想象一下，如果专家们离开了办公室或私人房间外出实践的时候，他们可能会去做什么？这里有一种简单的方法：将他们知道的或所做的事情分解成多个部分，然后逐个研究。

举个例子，如果你的榜样是一个主厨，那么你的迷你体验可以这样做：去当地的农贸市场或异国香料店，体验主厨们是如何寻找和选择某些食材的；如果你的榜样是一个音乐家，这就给了你一个很好的理由去音乐俱乐部，靠近舞台，并试着专心观察音乐家是如何协同工作的。无论你打算做些什么，只要能提升你对他们世界的认识，就是有用的。把这个迷你体验看作是榜样知识库中的一小块，并将这个方式扩展到知识库中其他每一个单独的模块中，这是你当下能够做到的最好的事情，但对于学习构成该主题的全部模块来说，这还是很艰难的。不过最终，你可以完成专业知识包含的大多数重要模块——神奇的事情发生了，你成了一个专家！想象自己在农贸市场、糕点店、肉店、食品快递中心和厨房流水线中忙碌工作，你将会建立一个关于如何为一家餐厅采购食材的知识库。

　　总结以上各个步骤，我们再次以一个完整案例来进行说明。假设你想要培养在电影评论方面的专业知识，并且你已经决定要去选择一个电影评论家成为你的榜样：

　　● 找到最佳榜样。在网络和电视上到处都是影评人，但你应该找一个更加严肃地对待艺术，能教你更多关于电影历史的专家，而不仅仅是介绍流行大片的那种人。最终，如果你找到了一位备受尊敬的、拥有大量出版作品的电影评论家，就选择他做你的榜样。

　　● 评估你和榜样之间的知识差距。阅读榜样的作品，你可能会看到许多不熟悉的导演名字、电影技术或电影体裁。仔细观察，在他的作品中，这些人物和术语被提到的次数多吗？再想想看，你还需要付出多少努力才能达到他的知识水平？

- 自己学习。开始研究电影评论家在他的评论中提到的主题的相关资料，比如书籍、视频、采访，还有电影等。

- 恳求专家给你指导。你可以考虑与电影评论家本人取得联系，然后问一个简短的问题，可能还会跟他们建立起联系（不要过分打扰对方）。

- 学会汲取知识。学习电影知识时，寻找自己与榜样的共同点，寻找更多的信息资源，并养成获取电影相关信息的日常习惯。

- 观察专家的行为。你可以在电影节和研讨会上跟随几位影评专家，了解一下他们每天是如何工作的。

- 寻求迷你体验。也许你可以找到一个当地的独立电影制作人，而他正在休假，于是你模仿你的电影评论家榜样，对这位制作人做采访。最后，你可以在油管（YouTube）上发布你的最终作品——已经完成的采访，然后让大家去观看。

综上，你已经从找到榜样，到理解他的工作内容和流程，到接受他的指导，再到将所有知识化为己用。期间，你也没有成为一个变态跟踪者，干得很好！

## 二、成为最低可行性专家（MVE）

榜样们通过不同途径达到了他们现在的专业水平，但我们可以发现一件事，那就是在同一个具体领域，专家们使用的许多工具和元素都是相似的。比如一屋子的主厨们可能专攻不同的菜系和风格，但在他们过往学习的某个时期，他们都会使用相同的量杯、刀功技能和热源，并练就了坚实的基本技能。在那个时期之后，他们才专攻不同的方向，由此可知，在掌握那些让他们从同辈中脱颖而出的特殊技能之前，他们曾经都处于相同的基准技能阶段。那么从什么时候开始，他们感觉到自己是专家了，或者可以把自己定义为专家了？如果他们对刚才所说的基准技能阶段有所意识的话，他们应该可以更早地成为脱颖而出的人。

找到你所追求的专业知识的基本标准可以帮助你构建该领域的整体概观，你也会更好地感受到这个主题的全貌，以及该主题中最重要的东西，这将帮助你加快学习进程，而这就是我们所说的最低可行性专业知识水平。这个表述意味着，有时候，你无须具备你认为的成为一个专家所需要的那么多的知识或技能——事实上，如果你将在专业知识方面真正发挥作用的东西调整到最低点，那么你就能够基于战略性地掌握了某技能或某领域的深度知识而步入专家的行列。

你所在领域中的顶级专家掌握了什么？到底是什么让他们与众不同呢？试试看，你可以将问题的答案大概分解成几个方面，当这几个方面结合起来时，就会创造出一个值得重视的人。这就是你的目标——找到最少量的重要元素，关注最重要的东西，并由此加快成长。

**1. 你需要掌握多少知识**

如果你对此有战略意识，也许你根本就不用考虑这么多。许多人认为，专业知识就是对某领域中一切事物深刻和彻底的理解。显然，这是不可能的。相反，将专业知识定义为清楚知道如何解决问题，或者对一个问题给出有根据的答案，这样更适用于现实世界。

让我们以金融领域为例展示一下如何成为最低可行性专家。谈及金融领域时，一些知名专家会涌入你的脑海。举个例子，思考是谁引领着金融界的思想时，我立刻想起了沃伦·巴菲特，接下来是珍妮特·耶伦，再思索一会儿，还能想起迈克尔·布隆伯格、拉里·芬克和雷·戴利奥。

想象一下，如果你拥有这五位名人的知识总和，你能做些什么。这听起来很不可思议——坦率地说，确实如此，我们做不到这么神奇。但是，如果你在他们五个人聊天的房间里待上几小时，很有可能会受益颇丰。

励志演讲家吉姆·罗恩有一句名言："你是与你相处时间最长的五个人的平均。"这种说法很难反驳。回想一下当你还是个孩子或者青少年时的情形，以及那时候总是在你身边的五个人。毫无疑问，你潜移默化地接受了他们的一些特质，而他们也同样受到了你的影响。

在专业知识的讨论中，这意味着，你应当热切地研究你所在领域的五、六位专家和思想领袖。他们中至少有一位肯定已经写了一本关于该专业的书籍（比如《沃伦·巴菲特随笔》）——去读一读吧！更多当代的名人们可能还会发布与他们的专业领域相关的博客、微博或网站（比如 mikebloomberg. com）——全部都研究一下！

当你能够熟记、描述和理解这些顶级思想领袖所掌握的主要原理时，你基本拥有了超越世界上 99% 的人群的专业知识水平。当然，这已经足够被认为是最低可行性专业知识水平了。

**2. 开始制作你的思维导图**

这是思维导图发挥其神奇作用的地方。思维导图是一种采用视觉途径来组织信息的方法，它与大脑加工信息的方式非常相似——显示某个主题所有方面的关系和顺序。把思维导图看作是自由形式的纲要，它会让你学到的东西关联更强且更加难忘。

对于你选定的每一位专家，都可以把他们的名字写在中间，制作一张个人思维导图。如果你碰巧找到了一本内容丰富的书籍或其他形式的资料，也可以做一个单独的思维导图，只覆盖那本书或资料即可。

然后，从思维导图中心的人名到已经学习了的具体知识之间画一条支线——可以说，这就是该专家的独有专业知识。例如，你正在为沃伦·巴菲特制作思维导图，你可能会把"价值投资""股权""私募股权"和"慈善事业"等和他关联起来。如果你正在为一本书制作思维导图，这一步就更加容易：只需从目录中选择章节，并把它们放在你的导图上即可。

从这个角度看，思维导图相当于对你的专业知识之旅开展了一个很好的预备调查。事实上，它给你提供了一个要去发现和学习的待办事项清单。这一步之后，你还需要有一些独立的思维导图，每一个都要包含至少二十五个单独的项目或知识单元，以便你在专业知识学习过程中收集相关信息。

3. 扩展你的思维导图，以便囊括更多细节

现在，你已经开始埋头苦读材料文献，开始接触到事实细节。彻底地研究专业资料和书籍，并回顾温习几次，在思

维导图中填入你想要继续了解的关键词和重要短语。

在之前巴菲特的例子中，在"价值投资"的关键词标签之外，你可以画几个圆圈，里面写上"低估股票""股息收益率""未来增长"和"风险管理"等。在以上每一个圆圈标签的外边，你可以用与这些标签相关的其他关键词制作条目，也可以将一个标签下的关键词连接到另一个标签下的关键词，以便突出一种关系或相似性。

最初的二十五个独立项目现在可能已经变成了一百多个。这听起来可能令人难以承受，但如果这么想：专家和你当前水平之间的区别只是理解和应用一百多个概念，情况就没那么糟糕了。

### 4. 清理并收紧你的思维导图

思维导图的基本原则是简洁和清晰，长长的语言或句子会使人分心。我们在导图上讨论的是关键词、一般概念和严格的习语，那些对核心思想并非必要的词语，比如，"我""我们""那个"等，都可以被剔除。

当你浏览刚画完的思维导图时，你会发现一些分支可能是多余的，或者并不像你最初认为的那么重要。剪掉那些不需要的分支，或者把重复的分支合并成一个。此时，你还应该看看几个思维导图之间相互重叠的部分。这是一个好迹象——表明你对所学主题的概况有了一个全面的了解，并且没有任何东西被遗漏或忽视，而重叠的部分也意味着专家们的观点开始走向一致，且你看到了一致的观点所在。

**5. 填补知识空缺**

到目前为止，你的思维导图应该对主题有了一个比较全面的描述。但仍需要仔细看看，检查一下用来制作导图的资料和书籍，有没有觉得什么地方还不够清晰，或者缺失了某些元素？

这个阶段，思维导图要尽可能做得详尽彻底。此外，如果可以的话，对于一些模糊不清的问题，大声地把它们表述出来也是个不错的办法，然后坚持寻找答案，一旦找到了，就立刻把它们放在思维导图上。

在之前的金融案例中，你可能会发现，在所有的学习内容里，你仍然没有对债券产生清晰的理解——或许因为你的榜样对债券不是特别关注（据说沃伦·巴菲特不关注债券），也或许因为你没有得到足够多的信息来理解这个项目。这种情况下，你可以为"债券"画一个新的标签，开始研究它，并在得到相关信息时填充细节。

**6. 制作一个统领全局的思维导图**

思维导图的优点是非常容易扩展，甚至可以扩展到很大的规模。所以，当你完成了所有与主题相关的单个项目思维导图之后，是时候创建一个庞大的主思维导图了，它包含了来自专家、书籍和其他资料中的全部最重要的元素。这是个巨大的工程，你可能需要在黑板上重新创建它，其规模之大让你看起来像是在为联邦调查局破案一样。

在主思维导图的第一级中，写入你已经学习过的每个独立信息源。如果你读了一本书，那就把书名写在上面；如果你的信息源是博客、视频或网站，就把名字或主要内容写在上面。对于每个信息源，添加三到五个最重要的概念，并填在下一级分支中。

再次强调，当这个主思维导图完成后，你仍需再浏览一遍，并且整理精简，就像你之前几步做的那样。如此，就能产生一个清晰简明、易于理解的主思维导图。在这个主导图中，你会发现，你选定的每一位专家、每一种信息源之间的差异开始淡化，他们之间的边界也逐渐消失。非常好——这意味着你对整个主题有了更加统合和系统化的理解。

再一次说明，这个巨型的思维导图仍然是一个比较隐蔽的待办事项清单。你已经成功地发现了支撑金融领域专业知识的主题、理论板块和概念，所以你要开始努力学习了。比起采取其他方式，通过这种方式你能够更快地达到我们所说的"最低可行性专家"的状态。

真的，你只是解构了你需要的知识。

## 三、遵循布鲁姆法则

现在，我们来介绍培养专业知识的最后一个工具或途径——布鲁姆分类法。这一法则由本杰明·布鲁姆在1956年创建（2001年更新），当时是作为衡量大学生学业成绩的一种方法。此后，它也一直是学术机构中的一个常用工具——作为一种制作课程的框架，以确保学生彻底理解课程。就本书的目的而言，布鲁姆分类法是一个循序渐进的学习指导方针，用以推动学习理解不断深入。

布鲁姆分类法的核心理念是，为了获得对主题的最高层次的理解，我们必须要完成六个连续的层级任务。大多数人永远无法通过分类法中的所有层级，所以不要让你自己也成为这种命运受害者。最新版本分类法中从最低到最高理解层级如下：

* 记忆。能够从长时记忆中检索、再认和回忆相关知识。
* 理解。能够通过阐明、例证、分类、总结、推理、比较和解释等方法，从口头、书面或图表信息中建构意义。
* 应用。能够运用知识或使用一个程序来执行任务。

● 分析。能够将材料分解成组成部分，并通过区分、组织和归因来确定这些部分如何相互关联，以及如何与整体结构或目的相互关联。

● 评估。能够使用检查和评价手段，基于原则和标准来做出判断。

● 创造。能够将元素放在一起，形成一个合乎逻辑或有用的整体；通过生成、规划或再生产，将元素重新组织成一个新的模式或结构。

一旦你达到了顶层"创造"，那么就可以认为，你对某个主题拥有了深刻的把握和理解。但是，如果分类法的每个层级完成得不充分，你就无法有效地进行下一个层级。比如在日常生活中，某人尚未对一个主题具备充分的理解，就试图对该主题妄加评判，胡乱揣测，此时这个人就完全没有遵循分类法。

布鲁姆分类法是一个特别有用的工具，它有助于指导和塑造你的学习过程。本质上讲，分类法是一个教你如何在某个主题中积极建构专业知识的任务清单。分类法重点关注组织和分析信息的心理过程，每个层级都是一种处理和掌握新信息的心理工具。布鲁姆的框架体系很棒，因为它拥有如此强大的功能，可以在任何地方使用。比如在课堂上，在工作中，或者在系统规划设计来实现你的个人目标时，这个分类法均可给你提供一种简单实用的框架。

整个分类法都是基于学习的心理过程，可以很清晰地总结出来：在理解一个概念之前，你必须先记住它；想要应用一个概念，你必须先理解它；为了评估一个流程，你必须提前分析过它；为了创建一个准确的结论，你必须已经完成了全部的评估。难点在于反思和理解你当前处于分类法上哪一层级，因为只有自我认识清晰，你才能准确找到推动知识精进还需要做些什么。

接下来，让我们深入研究一下每个层级要素。

1. 记忆

最低层级记忆包括的元素有：倾听、寻找信息（可使用线上搜索工具等）、主动记忆信息、标注重要信息以便随时返回查阅、强调关键点并综合整理，以及多次复述信息以便记住。

这个层级都是关于吸收和整理信息的内容，可以让你学会存储信息并在以后检索。举个例子，对于你想要阅读或观看的材料，如果你喜欢做大量的书签和笔记，那么你就是在积极主动地记忆。此外，当你把信息制作成图表或将其放置在醒目的重点栏里，也会有助于信息进入你的长时记忆。记忆技巧还包括概述关键特征，或引用、举例、定义主要观点，以便之后你可以回忆起这些重要内容。其实，每当你复习考试时，你都在使用这些技能。

**2. 理解**

当我们更加积极主动地深入信息时，就会产生理解。记忆关乎于信息的具体化和存储，而理解则需要把信息全都分开，以便更好地观察它是如何起作用的，就像一些人对待家用电器那样。理解还包括对信息进行分类（就像我们之前做的那样）、将信息分组成为组块、从现有的数据中进行推理、基于数据信息预测未来事件、总结、用不同的词句进行改述等。这些都属于认知操作，旨在获取针对一系列符号或模式的更深层次的意义理解。

教师常会要求学生"用自己的话"来描述事物，这样做的原因在于，教师想测试学生的理解情况，而非学生的背记情况。如果你深刻地理解了一个事物，那么无论它的组成成分如何改头换面，又或者仅仅用一些符号来表达它，你都能够识别并解读它。例如，如果你曾经尝试向不熟悉某个概念的人解释一些复杂的事物，你可能会发现，给他们举一个相关的例子会很有帮助。你可以从一个他们更容易理解的概念中提炼出一个比喻，并展示出这些概念是如何相互联系的。

这种举一反三和相互关联是对一个主题进行深入理解的关键所在。

### 3. 应用

这是第三个层级。广义上说，无论信息是通过执行、描绘、付诸行动，还是表达等其他方式，都是它被带入"真实世界"并表现出来的地方。正如你可能注意到的，这些术语与其他类别中的一些元素有明显的重叠——显然应该是这样，当你认识到大脑从未真正执行过离散的任务，而是在一个连续的运行中不断流动时，你就会明白，为了达到我们的目的，我们需要尝试使用不同的方式来理解信息。

事实上，布鲁姆分类法本身就是一种形式的"应用"——它以一种具体的方式来图解或呈现信息——也就是说，应用抽象概念来表达一个模型、想法或理论。绘图、展示、扮演等都是与这个类别相关的动词。每次当你做出一个饼状图来说明数据，或把一个计划变成现实，或者设计一个可以真实执行的实验时，你都在"应用"。

### 4. 分析

这是第四个层级，它基本无须解释。这一分类的元素包括质疑、解释、组织、解构、关联、计算等。总之，这一层级包括了所有表明我们主动操作和运用信息的那些动词，而且不仅仅是将信息从一种形式转换为另一种形式，更是要仔细观察它的组成成分，并尝试理解这些成分。比如，当你绘制一个思维导图时，你就正在使用这个功能——将一组观点与另一组观点联系起来；或者你将一个机器拆解成零件；又或者你提问"为什么发生这种情况"。

5. 评估

这个层级包括任何表明我们对面前的材料使用了价值判断的动词。在前一类别中，分析是价值中立的，且仅与理解相关。然而，这一层级会涉及到诸如批评、评级、反思、评审、评估和验证等。这是我们大脑锻炼洞察力的地方，也是衡量信息对既定目标贡献的地方。你的实验结果会有用吗？你正在评价的主张的特性和真实性如何？你表现得怎么样？你如何将所有信息都编辑或统合成一个真正言之有物的整体？

6. 创造

这是最后一个层级。这一层级中，我们与信息的关系出现了根本性的转变：我们生产信息！比如创作音乐、混合已知的东西来创造一些新东西、拍摄一部电影、写剧本、角色扮演等，这些都是使用信息和构建新事物的创造性方式。还有其他一些你可能没有想到的创造性工作，比如编程、设计系统、将材料从一种形式改编成另一种形式、甚至是发表博客和微博。布鲁姆还认为领导工作也是有创造性的，因为领导能力常常涉及到要引领人们走向一个全新的、白手起家、自力更生的愿景。

　　同样，这些动词和类别总是有重叠之处——不过重点不在于识别不连续的类别。相反，这个模型是一个工具，可以帮助你使用信息，并从许多不同的角度观察和加工信息。这就像你拥有了一个工具箱，里面是不同颜色的有色眼镜，你可以戴上它，然后在不同的色光下观察目标。当你正在学习和记忆时，对信息投入主动和有意识的加工会带来很大的差异——不仅仅是通过一两种方式，而是通过尽可能多的方式（布鲁姆的工具箱里提供了很多方式）。这样的话，信息就会活跃起来，变成三维立体的，让你理解更为深刻，且能够比浅薄的印象保持更长的时间。

　　举个例子，当你学习新知识时，你首先会在书籍文本中勾画重点，以便做摘要总结（记忆层级）；然后用自己的话语重新解释文本（理解层级）；之后，可以运用你的理解来创建图示或表格（应用层级）；花点时间分解图表、提出质疑，再将其连接到你已经制作好的其他图表中（分析层级）；再之后，你可以自我感受一下，这些方法是否帮助你掌握了学习材料（评估层级），并使用你的评估来指导良性学习系统的进一步发展（创造层级）。

这些方法听起来很是乏味繁琐，但这却是信息融合的真实途径。事实上，正是这种艰苦的脑力劳动和努力学习，才真正巩固了你大脑中的概念和知识。

所有这些成为专家的道路都会对你有所帮助——但注意，你所需要的只是其中一条道路。在你开始工作学习之前，请做出一个选择，这样，你就可以遵循和专注于一条清晰的路径。

💡 **本章要点：**

- 获得专业知识的途径不是只有一条。终点通常是相同的，但在到达终点之前，我们每个人都需要做一些对自己的目标有效的事情。
- 获得专业知识的第一条途径是效仿榜样。他并非必须是一个正式的导师，重要的是，榜样应当是一个你可以追随其发展路径并作为向导的人。要做到这一点，你需要找到榜样，确认你和他们之间的差距，开展自主学习，尝试请教榜样，观察榜样的行为，并在实践中寻求自己的经验。

- 获得专业知识的第二条途径是：了解你需要掌握的最低可行性水平的专业知识。这个观点来源于一个认知：一旦你对所选领域的几位顶级大师拥有的知识有了深刻的理解，你的专业知识将足以应对绝大多数情境。因此，使用思维导图，解构这些思想领袖所讲授的知识，并把他们的总体思想分解成越来越小的概念，以供你学习研究。由此，你就相当于给自己创建了一个待办事项清单。

- 最后，布鲁姆分类法是一系列连续的思维元素，它鼓励深度综合分析信息，并阐明了不同层次的专业知识。事实上，这六个层级中的每一个都提供了如何与信息更深入地互动的指导方针，以确保个体对信息的透彻理解。在理解一个概念之前，你必须先记住它；在应用一个概念之前，你必须先理解它；为了评估一个流程，你必须提前分析过它；为了创建一个准确的结论，你必须已经完成了一个彻底的评估。难点在于反思和理解你当前处在分类法中哪一个层级，因为只有自我认识清晰，你才能确认推动知识精进应当做些什么。

5

## 第五章 ▶▶▶
### 专家的心态

专业知识的掌握与学习、记忆和理解有关，而且一直以来，你都努力寻求策略想要提升它们。但除此之外，你还应当尝试吸收一些思想、心态和思维模式，以使你的努力发挥出最大的效用。

思想先于行动，在追求专业知识的漫漫长路中，我们应当确保拥有适当且最具成效的思想来帮助自己。心态是指你对待学习和获取专业知识的心理态度，本章将介绍一些所有顶级专家都具备的、非常有用的心态或思维模式。

第一个要介绍的是切实的期望心态。

### 一、切实的期望心态

尽管本书介绍了许多加速获取专业知识的方法，但追求专业知识之路绝不是一条捷径，同样也不是一条平坦的道

路。依据你所选专业知识的不同，所需要的时间也不同，有
的可能会花费数年的时间。

简而言之，如果你不明白这可能是一场马拉松，那你就
不会走得很远。我们需要对自己的能力、天赋以及它们如何
转化为专业知识技能等设定现实的期望。还有关于我们自己
的现实期望：我们能多快地进步和发展呢？未来的结果如
何呢？

**1. 期望不要过高**

大多数时候，我们的期望都过于乐观。通常情况下，我
们基于看到的一个别人完成的完美案例，就对自己想要达成
的事情也设定了一个理想蓝图。比如，鲍勃只用了三个月就
成功了，所以这意味着我也可以。然而，事实是鲍勃拥有五
年的相关经验，而我没有。

在鲍勃的案例中，就算我们确实知道了他经历过多年的
练习和工作实践，可能也有过无数次失败，但轮到我们自己
时，可能只尝试了一次，然后失败了，我们就会立刻产生想
要放弃的挫败感。其实这一次失败并没有多大意义，但我们
却常常不能正视它。再想象一下，当我们观看体育比赛时，
我们会觉得在某些情况下，自己会比职业运动员做得更好。
感受到了吗？这显然不太可能，但却是一种自然而然的

想法。

如果你抱有不切实际的希望，认为自己可以在极短时间内学有所成，那么在你落后、失败或错过某些重要阶段时，你将会被失望所困扰。你会放慢脚步，最终变得非常沮丧，因为看起来继续下去是徒劳白费的。要赶上进度，可能需要双倍的努力，而你可能已经放弃。毕竟，期望越高，失望越大。

随着这种不满情绪的出现，完成其他项目也变得更加困难——有时甚至是那些我们本来知道如何去完成的任务。这种情绪还在我们的头脑中建立起了不公平或不合理的对比——当你把自己最糟糕的一面和鲍勃最好的一面（或者那些他想让其他人看到的那一面）进行比较，你就注定了自己的失败。

**2. 期望不要过低**

设定太低的期望也有风险，这就等于是为自己设置了一个没有挑战性的任务。低期望值会阻碍你的学习，因为你会逐渐感到无聊，而且不想再继续投入其中。你会开始想："我为什么要这么做？为什么这东西很重要？这根本毫无意义。"

举个例子，你想从零开始学做法国菜。在烹饪的世界里，人们很容易产生过高的期望。你不会凭直觉就知道什么香料应该出现在什么菜肴或搭配中；你也不会一下子就把巧克力慕斯做得完美；你更不可能在几天的练习之后就做出一个完美的法式洋葱汤。事实上，你可能需要花几天的时间才能切好洋葱。

但是你也可以设置一些极低的期望值。你可能用罐装汤来作为法式洋葱汤的汤底。你可以做所有的菜肴都只使用同样的一两种香料，然后自称为法式大餐。或者你可以在慕斯上偷懒，直接购买现成的吉利丁粉。换句话说，你是在自欺欺人，你根本不在乎这些。

3. 设定合理的期望

那么，什么是合理的期望呢？至少要意识到你正处于一种学习的状态，你不可能一次学会所有的东西。你可以先学习如何制作简单点的肉汤或高汤；或一段时间内尝试不同的香料，找出你喜欢的那种；或练习打发蛋清的技巧，或者学习如何制作一个简单的法式酸奶。所有这些期望都有个前提：认为你已经具备了厨房基本功——如果你没有，那就从基本功开始学起。

根据当前你的知识水平和能力来设置期望——这是你的基准线，另外，不要把自己和别人做比较，这是很重要的一

点。每个人都会从不同的起点开始，以不同的速度学习。你
只需从当下开始，计算好从当前位置到你想到达的地方的真
实距离。

为了在马拉松比赛中全程保持动力，你可别把期望设定
为世界纪录的时间，同样也别设定为一位七十岁的女性所需
要的时间——除非你是一位七十岁的女性。保持投入的一种
方法是建立学习心态，且每次尝试提升 1% 的跑步速度，不
是太多，也不会太少，但能够坚持始终如一和不断成长。当
然，你可以根据具体目标来调整进度（例如，每次在健身房
中提升 1% 的体能是不可能做到的）。

### 4. 坚持小步快跑

美国的企业经理们曾经开发了一种改进企业效能的方
法，旨在帮助美国赢得第二次世界大战，它是基于一个持续
改进上千种小方法的理念。美国政府制作了一份指南手册，
建议工厂主管们"寻找数百件你可以改进的小东西，不要试
图规划一个全新的部门布局，或者追求安装一个大的新设
备，没有时间来做这些大项目，试着用你现有的设备改进当
前的工作"。

在第二次世界大战中，美国作为战胜国之一，当时美国
使用的武器和其他产品正是由这些践行小步持续改进理念的

工厂所生产的。二战结束后，美国将这个理念传到了日本，以协助其战后重建。小步持续改进的理念立即在日本流行起来，并被命名为"改善"（Kaizen）。

虽然"改善"的理念最初是基于业务改进而创造的，但它同样适用于我们获取专业知识的学习过程。针对日常基础的微小的、渐进式的提升，最初的时候似乎成效低微，但它们会积少成多、聚沙成塔，逐渐带来你想要的专业知识。聚焦于每天1%的改善，积累这1%的改善，直到有一天，你会惊喜地发现，你的生活发生了显著的变化。

"改善"的方法修正了传统方法造成的时常起伏不定的状态。该方法迫使你将目标分解成小的、独立的步骤，并且一次只处理一个步骤。"改善"鼓励你采取行动，而且在越来越多的行动中，你的成功也会像滚雪球一样越来越大，直到达成你想要的目标。不要寻求那些会让你走向失败的剧烈改变，去寻找那些用你现有的东西就能去做的事情，目标就是每次进步1%。

当然，你可能每天能学习超过1%的东西，但请始终牢记心中，你面对的是一个漫长的征程，这个认识有助于你在学习中始终保持坚定的信念。

所以，设定现实的期望将帮助你保持动力，并提升你的学习状态。如果你的期望值太高，你很快就会感到气馁；如果期望值太低，你很快就会觉得无聊。按照你的标准、能力和水平（不是别人的）来设定适当的基准线，再加上1%的改善小目标，这就是设定切实期望的关键。

无论你的期望是高还是低，有一件事是亘古不变的：需要付出努力。这也是那个由研究者安德斯·埃里克森提出、之后由作家马尔科姆·格拉德威尔推广的"一万小时规则"的主旨。埃里克森对专长的发展历程进行了研究，并确定了专长与所投入的练习和精力的数量有着相当明确的线性关系。成为你所选择的领域的专家，可能不需要一万个小时，但也不会只花费一千个小时。争取把时间设置在中间的某个地方（比起一千个小时可能更接近一万个小时），然后你的期望值也会相应有所调整。

有助于更好、更快地获取专业知识的下一个心态称为批判性思维。

## 二、批判性思维

可能你以前听说过批判性思维，但并不清楚它真正的内涵。

### 1. 批判性思维的内涵

这里有一个简单的定义：批判性思维是指你应当有逻辑

地、理性地去思考你面前的事物，并对该事物产生一个真实而深刻的理解。这是一种能让你更容易解决问题的思维方式，因为在这种思维方式下，你会正确地提问并真正抓住重点。这种思维方式明确认为，当你做出任何类型的决定时，所需要的信息永远不会是完全穷尽且明显清晰的，而且你将不断地四处寻找信息。因此，批判性思维能够让你绕开情感反应和冲动决定，总体上更明智地思考。

有一个简单的方式，连续问五次"为什么"就可以体现批判性思维，而你以前可能只问一次，并且停留在表面上，又或者根本没问过。

- 为什么我的工作效率如此低下？因为我手头上的事情太多。

- 为什么你手头上的事情那么多？因为我每天都有很多任务添加进来。

- 为什么你每天都要增加这么多的任务？因为我是唯一能帮忙的人。

- 为什么你是唯一能帮忙的人？因为其他人没有接受过培训，而我们的培训系统也糟糕至极。

- 为什么我们的培训系统这么糟糕？因为我们的首席培训师最近退休了，而且没有人接替他。

这是批判性思维的一种基本方式，但你可以立即发现它在学习和获取专业知识上的效用价值。在这种批判性思维"为什么"顺序链的每一个阶段，似乎不同的视角都展现出了新的信息。首先是你没有效率并且懒惰，但后来很明显，这是一个系统性的问题。如果你在到达下一个阶段的"为什么"前就停止了，你就无法确定问题的原因，以及如何适当地解决问题。当然，我们也可以再进行几次循环迭代，来把"为什么"顺序链继续下去。

　　我们所寻求的解决方案并不总是清晰可见的，我们甚至可能没有找出真正要解决的问题，这就是批判性思维给我们的启示。

　　虽然你应当思想开放、谦逊包容，但你仍需学会质疑你面前的事物，不是一切事物都像它表面看起来的那样。批判性思维意味着不要只是简单地接受信息的表面含义。信息有来源、有目的、有后果——这是一个你可能会忽略的分析层级。专业知识不是简单的反刍事实（将别人的意见当作自己的意见表达）的能力，它意味着对相关知识的深刻理解和分析。

　　**2. 批判性思维需要的能力**

　　批判性思维是一种清晰且理性地思考该做什么或者该相

信什么的思维模式，它包括进行反思和独立思考的能力。具备批判性思维的人，可以做到以下事情：

- 理解各种思想观念之间的联系。
- 识别、构建和评估论据。
- 发现推理中的不一致和错误。
- 系统地解决问题。
- 鉴别思想的相关性和重要性。

批判性思维不是一个积累信息的问题，一个记忆力很好、知道很多事实的人并不一定擅长批判性思维。一个具有批判性思维的人能够从他所知道的信息中推理出结果，他还知道如何利用信息来解决问题，并引导自己寻找更多相关的信息来源。

同样，也不要将批判性思维与爱争论或对他人挑剔相混淆。虽然批判性思维可以用来揭露谬误和错误推理，但它也可以在合作推理和建设性任务中发挥重要作用。批判性思维还可以帮助我们获得知识，改进理论，并加强论据。我们还能用批判性思维来改进工作流程和改善社会制度。

3. 批判性思维的要点

批判性思维的本质不在于回答问题，而在于质疑答案，因此这一思维模式中包括提问、探究、分析和评估。以下是批判性思维中一些最重要和最强大的方面。

你可能不需要用批判性思维来应对生活中的一切，但是训练这个习惯和思维模式将对你很有帮助。例如，当你去其他国家旅行时，你将不可避免地带着游客的身份标签，然后将不可避免地吸引到很多人不请自来的关注和询问；再次不可避免的，这些人当中的大多数都目的不纯。那么，你如何知晓这些"黑幕"？答案是，通过观察背景环境，挖掘人们藏在表面之下的真实意图。批判性思维就是保护你不受这些人伤害的工具。

- 不要只看表面，不要轻信盲从。批判性思维的第一步是学会对你听到的、看到的以及决定要做的事情进行评估。所以，与其做那些你习惯做的或者信以为真的事情，不如花点时间多去思考：问题是什么？可能的解决方案是什么？每种方案的利与弊是什么？当然，最终你仍然需要决定要相信什么以及要去做什么，不过，如果你真的评估过这些事情，你会有更大的概率做出一个更好的、更合理的选择。

同样，你还需要考虑一下信息的来源。它们有自己的倾向或动机吗？它们的观点是什么？为什么会是那样呢？分析信息来源是批判性思维的关键部分。每个人说什么或者做什么，背后都是有其原因的，有时候甚至他们自己都没意识到，但你要去找到这个原因。

- 自己做研究。日常生活中，向我们冲击而来的信息数量惊人，但如果你决定自己动手去做，这些信息就可以成为非常强大的工具。如果你要解决一个问题、做出一个决定或评估一个观点，那么你可以用搜索引擎搜索信息，并开始阅读。你掌握的信息越多，就会为要思考的事情做出越充分的准备，也更有可能提出一个合理的观点或意见。不要只依赖一个人，因为你永远不知道那个人依赖的是什么。对一个问题只有片面的观点注定会产生偏见。

- 寻找假设。大多数主张或论断都是基于某些假设的。有时候，这些假设是明确的，但并不总是容易找到的。例如，政治民意调查假定所有选区的选民和所有政党的支持者投票的可能性相等。如果你仔细观察，这个假设很可能会出现在报告的细则中。有时候，假设是隐含的，因此更加难以觉察。例如，一项政治民意调查认为，每个投票者都表达了他们真实的投票意图，而这类假设不太可能在报告中详细说明。

同样，也需要质疑那些明确的或未被意识到的假设。例如，所有选区的选民和所有政党的支持者投票的可能性相等吗？也许富裕选区的选民和反对政党的支持者更有可能投票。还有，每个投票者都表达了他们真实的投票意图吗？也许种族主义政党的支持者不愿意诚实地说出他们真实的投票意图。

- 不要认为你是绝对正确的。我知道这很难，我一直与其他人一样挣扎于"正确"的固执愿望中——因为认为自己正确的感觉棒极了，这是一种几乎每个人都想在某个时候采取的自我选择。但是，当需要批判性地思考问题时，总是认为自己正确时常会让你走上错误的道路。如果你不接受其他的观点和意见，不加以仔细考虑，也不把其他的观点和你自己的观点进行比较，那么，你真的没有做太多的思考，当然，更不必说批判性思考了。

这种心理与确认偏差有关。确认偏差是指我们通常会去寻找那些能够支持我们自己的立场或观点的证据。我们倾向于更多地注意和更多地重视那些似乎证实了我们目前的意见或判断的证据，同时，我们也倾向于忽视或拒绝那些挑战我们当前立场的证据。

尽量公正地权衡证据，无论证据将你带到了哪里，你都要跟随它。抓住那些证实自己独创观点或盛行正统观点的证据，并摒弃那些挑战它们的证据——这些事情是如此诱人，但是你一定要抗住诱惑，你需要对所有证据都保持开放的心态，并对确认它们的真实性保持同等严格的态度。

● 不要直接跳到结论。虽然目前可用的事实已经给出了一个具体的结论，但也可能存在其他的结论。如果你在第一件似乎可以接受的事情上就过早地停止思考，那么你可能会给自己造成损失。这就像你在购物中心看到了第一家商店就停了下来，然后花光了你所有的钱。进一步出现的更多事实可能会支持另一种结论，甚至会证明原有结论是错误的。即使情况并非如此，能有进一步的证据来支持原有结论也是很有帮助的。记得持续提问，并考虑其他的解释。

无论是什么情况，你几乎总是在使用不完整或不准确的信息在思考（信息是无法穷尽的）。你所做出的任何结论都将是一个跳跃，但你可以确保它是一个较小的跳跃，而不是一个很大的跳跃。

● 考虑原因和结果。相关性并不一定意味着因果关系——也就是说，两个变量经常一起出现，并不一定意味着其中一个变量实际上导致了另一个变量的出现。

举个简单的例子，当我早上起床时，太阳也会升起——但显然两者没有因果关系。不过，一些土著部落曾经认为，特殊的仪式对确保太阳升起至关重要。也就是说，人们注意到了一个模式，由此假定存在一种关系。在批判性思维中，你应当更谨慎地考虑原因和结果、关系、模式，以及如果其他事情是真的，那么某件事就可能是真的——这就是所谓的推理与演绎。

演绎是指采用一些论述和事实来推断结果，比如说，你说你上过医学院，在医院工作，并且看到了一个被你认为是"病人"的人。由此，我推断出你是一个医生。这是一个有根据的猜测，很可能是正确的。但是，推理就不会这么具体了——你说你是个医生，由此，我推断你很聪明，会关心人，在医院工作。

演绎可以看作采用大量的信息，然后将其提炼出一个事实的过程。而推理则是相反的——采用一个事实或论断推测出几个前提。演绎是在已有的前提下做出结论，其结论与前提之间具备逻辑必然性，如果前提为真，结论也为真。推理是始于一个结论，然后去猜测一个前提，而这个前提的一个必然结果是产生这个结论——如果这个前提为真。如果你是夏洛克·福尔摩斯，推理有时候是可行的，但我们大多数人都不是。我们需要对自己的快速判断秉持相当审慎的态度，哪怕它们在事情的总体框架中属于有用的信息碎片。

总体来说，批判性思维会让你的专业学习更上一层楼，因为它会让你对任何问题或信息都有一个透彻的看法。你可以称它为多疑、批判或是对所见万物都持有怀疑。

说实话，这些并不是糟糕的生活理念。你并非是不再信任每个人或每件事，但你应当养成一个习惯——明白并非万物都如同表面看上去那样。

## 三、空杯心态

这是追求专业知识时最重要的心态之一，因为没有它，你就会关闭学习过程。

### 1. 空杯心态的内涵

空杯心态是指，在任何情况下，都将自己放在一个一无所知的新学生的位置上。一个新学生会愿意倾听，保持谦逊，并对新的信息和观点持开放态度。你一无所知，因此，你可以不带质疑地倾听（刚开始时），并收集所有潜在知识的观点和来源。与这种心态密切相关的是初学者心态。

当你保持空杯心态的时候，你就会很谦逊，愿意保持谦卑之心，不会高高在上地俯视别人，并且打破了你自己设置的与自我相关的壁垒。这种心态还有助于消除我们在遇到陌生事物时产生的恐惧、信心的缺乏或其他压力，而这些正是当骄傲和期望成为阻碍时会发生的事情。试着想象一下，如果你此时一无所知，你可能会多么开放，多么愿意接受新事物吧!

采用这种心态不是对自我造成打击,尽管这乍听起来好像是你应该服从别人,比别人低。实际上,你所做的事情与你的自我无关——它仅仅是要你把自己放在一个能够倾听他人的位置,并一点一点地持续提升自己。"自我"是不想承认这一点的,但请思考一下,如果你能坦率地说出"我什么都不知道,我愿意听你说,真正地去倾听你"这样的话语,你的行为会有多大的不同?事实上,比起拥有那种"我已经知道了"的心态,拥有空杯心态的你持续成功的机会要高出很多。

这做起来很困难,但使用这种心态,比如,在自己熟知多年的领域中,认为自己是个一无所知的新手或业余爱好者,对帮助你学习很有好处。

2. 保持初学者心态

作为"专家"的一个普遍误解是(即使是在专家群体中),认为"专家"就意味着你不需要再学习任何东西了。在某些情况下,你已经达到了知识最充足的程度。任何说你还可以学到更多知识的建议都几乎是一种侮辱。你认为或感觉自己已经超越了所有的限制,已经无须拓展自己的知识了。

然而，理想情况下，空杯心态和真正专家的心态之间并没有太大的区别。这是因为，当某些人做出决定，想要成为任何领域的专家时，他们必须接受的第一件事是，学无止境。就算是他们已经长期确立了自己的权威地位，他们仍然会不断学习，也仍然会发现还有许多未知。专家永远不会放弃填补这些空白的渴望。因此，专家和初学者一样，对于新知识和新见解都会秉持开放的态度。

初学者心态取自于佛教禅宗的概念，具体描述为：学习一门学科时，具有开放和热切的态度，且没有先入之见，即使已经处于高阶水平的学习阶段，也仍像这个学科的初学者一样。

每次当你遇到一个新情况时，无论你认为自己知道多少，都要重新定位自己，以初学者的身份来体验这个新情况。清空你所有关于这次体验的先入为主的想法或期望，用好奇心和求知欲来对待它，就像你是第一次见到它一样。

举个例子，看看如何应用初学者的思维方式来学习演奏一种乐器。你会问什么问题呢？你会从哪里开始呢？你不知道重点在哪里，所以刚开始时一切都看起来很重要。你可能会好奇这个乐器的使用规则——首先是如何正确操作才不会损坏它，然后是它的整体功能。你会充满好奇，也会小心翼翼，因为你担心会犯错或损坏它。这个乐器留给你的初次印象在之后很长一段时间内都不会被遗忘。

现在比较一下，当你已经演奏这个乐器两个月之后，你对它的感受会是多么微弱。

这些都是初学者心态的表现。相比于通过大量的质疑和好奇的方式来追求知识，当你尝试重置心态，使之成为一张白纸，并且表现出好像你真的对某事一无所知时，知识的到来反而会容易得多。

初学者心态还能够让你勇于提出一些"愚蠢"的问题。所谓的专家依赖于假设和他们自己的经验，通常不会进一步探究"浅薄"的问题。当你随心地问出这些"愚蠢的问题"时，模糊的假设和错误的机会将无所遁形，一切都变得公开澄明。举个简单的例子，有时候我们可能会忘记某人的名字，但又不想直接问他们，以避免尴尬，可这也就留下了一个巨大的盲点。再举一个例子，你正在学习植物光合作用的过程，但并不了解氧气和二氧化碳之间的区别，建议你在弄明白这个问题之前，不要继续学习。

若你需要打破学习瓶颈或想要达到顿悟，试试从一个全新的角度观察同样的信息，这也是初学者心态的真正价值。有时候，我们太过囿于自己根深蒂固的观点，以至于不能发现一些疏漏。

你可以用同样的原则来处理新的和已经熟悉的情况。下次开车的时候,试着注意以往你无意识去做的事情,并大声对自己说出来。与此同时,关注那些你开车时早已不再注意的感觉,比如方向盘上的纹路,仪表盘里程计发出的光,或者空调的声音。即使是这些微不足道的细节,也可以解锁并揭示一些你从未经历过的新元素或新印象。

初学者心态需要放慢脚步,注意那些出于习惯和方便而被你忽视已久的事物。

3. 保持求知欲

拓展和开放思想空间的最后一个秘诀是求知欲。求知欲是什么?它是指你认为在接收到的每一个知识或答案的表象之下,都存在多层次的复杂性,并且对寻找这些复杂性充满了热情。你想要发现关于某事物的更加多元化的、深刻细致的观点,所以你会特别好奇于那些相互冲突的问题、原则和信念——尤其是那些与自己的观点背道而驰的。

这种发现新信息的自信方式是保持开放和降低自我防御,以便虚心学习的一个有效手段。其实施关键在于把你认识和遇见的每一个人都看作是潜在的知识源泉,每次遇见他们,你总能获得一些自己不知道的事情。这不仅仅是知识的源泉,简直是巨大的知识宝库。你应该从他们身上不断提取知识并寻根究底,而不是停留在表面。

一个求知欲强的人不会止步于追求问题的简单答案。他们不会满足于从平庸陈腐的问题中得到的循规蹈矩的标准答案——他们会不断深入,求真求实,直到揭开他们所调查的主题的终极根基。他们认为万事万物都存在多层次的复杂性,并且他们渴望去发现这些未知。

这不仅是一种心态,也是一种你需要培养的习惯,因为仅凭一腔热忱去做那些枯燥乏味的深入挖掘工作并不容易,尤其是其他人可能不会愿意像你那样投入其中。此外,这种心态中对事物复杂性的假设和潜在动机力量无疑对深入和加速追求专业知识大有裨益。

增强求知欲的方法显而易见。如果一个主题引起了你的兴趣,那就通过阅读、研究和回答问题来坚持不懈地深挖。与你最感兴趣的领域中的人接触,且永远不要害怕问出愚蠢的问题。接纳你自己目前无知的状态,并将它作为一种前进的优势,而不是一种缺陷或阻碍。

安全专家乔治·特雷弗顿认为,接近未知事物的一个好方法是将它作为一个"神秘"事物,而不是像填字游戏或拼图游戏里那样的谜题。特雷弗顿在《史密森尼》杂志上写道："谜题听起来可能更接地气，但世界却带给我们越来越多的神秘和不可思议。把它们当作谜题，就像是试图解决无法解决的问题，成了一个不可能的挑战。但若把它们当作神秘事物去接近，可能会让我们更加适应这个时代的不确定性。"

为了进一步培养求知欲，作家菲利普·道建议每天花费十分钟——这是一个非常容易达到的时间安排——去深入研究一个你感兴趣但还没有时间去学习的主题或学科。

如果没有自我防御和骄傲妨碍你，你的行为会有什么不同呢？你会有绝对的自由去满足自己的好奇心。

### 4. 进取永无止境

空杯心态的最后一个方面——实际上你一无所知，这对一些人来说可能是一个残酷的事实，但希望下面这句话能安慰到大多数人：人生就是一场修行，而且永远在路上。在漫长的时间中，你的所思、所感和所为都将经历不断的变化。你甚至可能已经是多个学科领域的正牌专家，但不幸的是，你永远不会完全穷尽那个领域——至少，这是你应当接纳的心态。

这并不是说你不能完成伟大的事情，或者不应该为自己的成就感到自豪。空杯心态仅仅是让你不能止步于此，总有更多的东西要去追求，所以你不能躺在你的荣誉上停滞不前。

阿尔伯特·爱因斯坦在 1915 年发表了广义相对论——可以称之为 20 世纪最重要的科学时刻。他本可以在那里停下来，巩固他的发现就完事了，但在接下来的十五年里，他选择了继续精进他的理论，并结合电磁学的相关知识，最终在 1929 年用远距离平行理论更新了他的研究成果。

我建议你改变自我认同心态：消除"我是……"的陈述语句，采用"我正在努力……"的陈述方法。

当你说"我是……"，你会立刻给自己贴上一个标签，其作用很像一个待办事项清单："我很懒""我是个笨蛋"，等等。你已经在心里明确了这个信念，并使它成为你的一部分，因此，你也将会这样行动，这使得改变自己变得更加困难。比如你真的很懒，"我是……"的陈述会把你围困在那个角落里，并给你打上烙印。

但是，通过改变这种陈述，使之变为反映你想要成为的样子的陈述，你就可以扭转势头。与其说"我很懒"，不如说"我正在努力提高效率"；与其说"我是个笨蛋"，不如说"我正在努力提高我的知识和学习技能"；与其说"我阴晴不定"，不如说"我正在努力了解我的情绪触发因素，学习如何更镇定地做出反应"。

当然，与其说"我是一个中世纪马匹育种专家"，你可以把它改为"我正在努力成为一个中世纪马匹育种专家"。这是一种完全不同的态度，也会伴随一系列完全不同的行为。

同样，如果你把这种思维方式运用于你的积极特质，它也会让你保持谦逊的学习心态。比如，不要说"我很聪明"，而是说"我正在努力变得聪明"；不要说"我很有才能"，而是说"我正在努力发展我的才能"。这种陈述不是说你不够聪明或没有才能，而是说你正在努力提升自我——这可以，也应该是一个永无止境的过程。

此外，这个心态可能会增加你对学习和发现新事物的热情，而那种"你已经知道了一切"的想法则会阻碍你的热情。我们需要在学习中采取初学者的心态，因为它可以让我们把自我放在一边，注意到那些我们已经习惯了的事情。我们还需要体现求知欲，养成追求自己兴趣的习惯。最后，我们知道了，我们永远都在进步的路上努力修炼，这意味着无论你当前的水平如何，你都不能止步于此。

### 5. 及时获得反馈

此外，初学者也要尽可能地寻求反馈，以纠正他/她的前进过程。

　　快速、具体和准确的反馈对于持续的专业知识学习是至关重要的，而且它并不容易获得。想象一下，练习任何身体的动作，比如扔飞镖，如果蒙住眼睛的话，你无法知道每一次投掷准确度如何，所以你就没有获得关于如何提升的反馈，那么你的进步很可能是十分有限的。然后再假设一下，蒙上眼睛练习飞镖六个月后，你得到了一份进度报告，这并不是最佳的反馈，但总比啥都没有好。反馈越早、越真实、越严格，效果越好。我们的目标是精准的专业知识，而不是良好的感受和一知半解。

　　你如何获得进步所需要的反馈？一个传统的反馈来源是教练，不管教练是正式的还是非正式的。如果你能找到信任的人，他们给了你准确的批评，请务必珍惜和鼓励他们。反馈的另一个来源是来自周围环境——即"真实世界"的反应，通常就是你的行为引发的结果。如果你是一名教师，你可以通过让学生们向你解释刚才教授给他们的内容，来得到关于你讲授概念的效果的即时反馈。如果你是一名经理，你可以通过观察团队成员表现的变化，来了解你对他们的激励效果如何。无论你正在学习什么，你都可以把它应用于实践，并看看你的假设和理解效果如何。

## 四、专业知识的一个缺点

每个人都想拥有专业知识，但是如果磨炼专业知识和技能会在某些方面对你产生不利呢？你会怎么做？

### 1. 定势效应的根源

首先让我们了解一下"定势效应"的概念。这一概念解释了为什么增加专业知识会无意中降低创造性地解决问题的能力，并把你困在自己知识的牢笼里。没有人会认为发展更多专业知识是一种浪费，然而，这种专业知识也可能成为一种负担和障碍。作为一名专家，如果你只依赖于已经拥有的知识和经验，那么在需要创新思维的时候，你就会处于明显的劣势。如何看待一个外行提供了一个比所谓专家更有创意或更聪明的问题解决方案？这种效应就可以解释原因：如果你确切地知道某件事应该且通常都会如何发生，那么就会很难打破这种类型的思维定式。

### 2. 定势效应的影响

如果你只是出于习惯而继续使用过时的理论，这个效应会尤为凸显。你这样执念于旧习仅仅因为一些东西在过去很多年中都有效用，可这并不意味着它会继续有效，并且这种想法还可能会导致错过有利新信息。研究表明，在某些情况下，熟练的专业知识会阻碍人们创造性地解决问题。积累知识是一件很棒的事情，但知识也是僵硬和死板的，在某些时候会使你不那么容易流畅地做出反应。专家们可能会紧紧地固守一个经典的观念或明显的解决方案，以至于他们无法看到面前显眼的、更好的解决方案。

1942年，卢钦斯等人首次描述了定势效应：他们让被试者进行了一个量水实验，涉及多个变量。实验者要求被试者利用三个容积不同的杯子量出一定量的水。其中一组被试者可以预先试验任务，并得出一个公式来解决问题。另一组被试者则没有参与这一轮任务。然后给予两个小组类似的新任务，但这个任务的解决方案非常简单。已经获得了公式专业知识的小组毫不意外地再次尝试应用公式，错过了更简单的解决方案，而没有练习经验的另一组被试者，则很轻易地发现了简单方案。

这个实验表明，个体先前的知识会形成一个先入为主的解决方案，而它则会阻止个体发现一个更好的解决方案。与直觉相反，第一组被试者可以算得上是"专家"，但却因此表现更差。这当然会让你重新定位世界上所有那些热衷于告诉我们应该如何做事情的专家！了解了定势效应，也知道专家们经常对他们的服务收取更高的费用，你可以仔细考虑一下，生活中的一些问题是否可以通过更有创意（且更便宜！）
的非专家们来更好地解决。

后续的研究也显示了类似的结果，在创意性谜题中，非
专家们看起来表现得更好。卡尔·邓克尔著名的蜡烛实验表
明，当人们抱有关于应当如何使用工具的先入想法时（在这
个实验中，给出一盒火柴，一根蜡烛和一些图钉），他们就
很难找到非传统的解决方案（实验要求：如何在垂直的墙上
放置蜡烛？答案：把火柴盒钉在墙上作为烛台，而不是使用
火柴点燃蜡烛）。被试者已经知晓的常识阻止了他们换个角
度看待面前的物品，也阻止了他们学习任何新方法。

### 3. 减轻定势效应

持续练习某种解决方案会让你处于一种刻板心理状态
（定势）：即再次应用同样的解决方案，而不是寻求新方案。
有趣的是，当研究者暗示被试者跳出思维框架时，他们会更
容易找到解决方案。这表明，故意质疑你的专业知识有助于
减轻定势效应，或者可能只需一个能让你意识到自动化思维
的问题就可以。另一种减轻这个效应的方法是改变信息被呈
现或被吸收的方式。提示、线索或重新排列元素都足以松动
旧观念的藩篱，让你感受到新的解决方案。尝试将语言文字
问题重构为视觉信息，对信息重新排序，或者改变你看事物

的立场或角度。

与定势效应相关的一个概念是"功能固着"——它指的是我们一直保持的习惯于看待某些工具的用途，或固守解决某类问题的已知正确方法的思维刻板化现象。同样，它也来自于带着固有可预知期待的专业知识。创造性的解决方案通常依赖于关注旧的工具和概念，并以新的方式思考——或者说，消除你对它们基于过去产生的限制性期望。儿童是非专家的完美例子，因为他们积累的专业知识很少，而且如其所是地观察着世界的现状，而不是通过旧有的刻板化解决方案和期望来看待问题。

那么，如何将这个效应的知识应用在自己的生活中呢？关键在于认识到它会在何时何地发挥效用，并在它跳出来快速为你解决问题时，有意地质疑一下你的专业知识。采用一种学习型的、开放式的心态，对你看不到和不理解的事物予以真正的好奇心和求知欲。尝试重新安排你所面临的问题的要素——这种全新的状态有助于产生一个更具创造性的看法。不要太快地抓住一个明显的解决方案，因为它一旦出现在你的脑海中，就很难移出去。

如果你发现自己面临着相当复杂的新问题，而普通的专业知识也无法解决，那么退一步，想一想你通常永远不会去做的事情，然后去做，因为这种情况本质上可能需要你去寻求一些非专家的方法和观点。比如，一个工程师可能会在一个项目中遇到挑战，而且他发现没有任何一种标准方法有助于启发前进的道路。他没有咨询同行，而是请公司的一位初级制图员给出他对问题的印象感受，然后，工程师再以许多不同的方式来重构当前情况。

这位工程师甚至还采取了真实的行动来改变环境，比如清理桌子，坐在座位上，拿出一张白纸，开始随手涂写乱画，并询问自己：我现在知道些什么？我不知道什么？我做出了什么假设？它们正确吗？他发现，他越是把问题脱离出他以前解决过的那种困难案例，他就越能有效地解开细节。他甚至可能发现，第二天早上淋浴，他无意识地就解决了这个问题。

只要你是某一方面的专家，你都会以非常刻板的问题解决模式来训练你的大脑，你的大脑也将以优先考虑习惯性思维的方式来连接突触。减轻这种专业知识的消极影响的最好方法就是：为你世界中的无意识、奇思妙想和真正创新的可能性留出空间。不断地提醒自己保持一种学习和专注的状态，不要太快地使用熟悉的老方法。毕竟，一旦你获得了更多的关于问题的了解，你还能随时回到专业知识中去。此外，其他非专家意见也可能会为问题解决创造奇迹。

　　质疑世界上所有的专业知识，更重要的是，质疑你自己。不要做任何假设——甚至不要假设这种效应可能在多大程度上起作用！重新构建那些问题中的"给定条件"，更仔细地审视你的理论，并优先考虑其他观点。研究发现，专业知识水平与定势效应呈非线性关系，且非专家同样会受其影响。你甚至还可能发现，更高深的专业知识反而可以将你从一个问题中充分拉回，并以好奇心和新鲜感再次考虑问题。

 **本章要点：**

- 心态和思想决定了我们的行为。因此，在追求专业知识的过程中，我们对学习和知识的心态及思维模式是十分重要的。

- 第一种心态是创建切实的期望。期望太高，你会变得沮丧；期望太低，你会变得无欲无求。创建切实期望的最佳途径是设定一个个人的基准（你自己的，而不是其他人的），然后每天提高1%，也就是日本式的"改善"。专业知识不是在一天之内建立起来的，而且你知道得越多，就越能意识到自己的无知。

- 第二种心态是成为一个批判性思维者。批判性思维的本质在于不单纯地接受任何事物的表象，这会驱使你去质疑事物的假设和动机，并尝试深入理解表面意义下的知识和主题。做到批判性思维可以很简单，比如连续问五次"为什么"，不提前做出假设，不考虑因果关系，其最终结果是，你会批判性地去思考，并且不会盲目地接受知识。专家们使用这种思维模式是因为他们知道一个事物从来都不会像它表面上看起来那么简单。

- 加速获取专业知识的第三种也是最后一种心态是：空杯心态（你什么都不知道）。这不是一种贬低或挑战，相反，这是一种要求——把你的自负骄傲和自我（"我已经知道了"的心态）从思维构成中移除，以使你能够继续学习并虚心向他人学习。任何时候，当你认为自己知晓了某事物时，都是你拒绝新知识的时刻。

- 与空杯心态密切相关的是初学者心态以及初学者心态如何让你从新的角度来看待（旧的）知识。求知欲也是一种相关的心态，这种心态的前提假设是：

万事万物存在多层次的复杂性，而你必须深入发掘它们。最后一个要接受的心态是：人生永远在修炼的路上，永无止境，永不完美。简单的措辞变化会极大地影响你的行为。总而言之，这些对待知识的思维模式都可以让你开放思想、认真倾听。

- 你可能会惊讶地发现，专业知识实际上有一个缺点：在你的专业知识领域中，它会降低你的问题解决能力。专业知识是长时间积累经验和理论的结果，而这在根本上导致了思维过程的固化，这是一种本质的局限性，因为它意味着你已经习惯于以某种方式思考，而这种方式可能带来某些不利情况。专业知识导致了某种形式的功能固着，在这种情况下，你几乎无法采取其他视角看待事物，因为之前形成的某些原则很难被忽视。

# 第六章 >>>
## 专业知识的展现

从本质上看，成为一名专家要比培养一种技能更加抽象一些。任何用于发展专业知识的指导书籍，比如你现在拿的这本书，可能都不会像是一本汽车维修手册那样具有清晰明确的操作说明。就专业知识来说，有时候它不是你必定能够指出的一种具体事物——而是当你进入某些情境时，一种自信和掌控的感觉。

这就是我们要在本章中深入研究专业知识展现的各种方式的原因。首先，我们将分析两个具体的领域，以及它们如何促进专业知识的学习。每个领域都有两个重要的经验，目前我们还没有深入了解它们。结合我们迄今为止介绍过的理论，希望这些经验能使你的专业知识建设之路更有条理、更有效率，这样你就不会茫然自疑了。

然后，我们将讨论两种被低估的专业知识用途，以及它们如何让你的生活更轻松，或让你的竞争对手更困难。在所有这些情况下，我们可以看到，专业知识有时会以意想不到和令人惊讶的方式出现。

## 一、学习一门外语

正如我们在之前章节中提到的，学习一门外语会让一个成年人重新回到学习的初级阶段，你必须努力应对那些刚开始时对你毫无意义的单词和字母。这是特别困难的，因为这门外语和我们从出生起就一直在接触的母语不同，我们不可能把所有的时间都用来学习它。因此，能够让学习一种新语言更加高效且耗时更少的方法总是很受人们欢迎。

这里将介绍学习一门新语言时用到的两种策略，它们可以应用于你选择的专业知识领域：80/20 法则，以及学习具体细节前先了解基本概观的方法。这些策略可以帮助你澄清所选领域中最关键和最有意义的元素，并帮助你寻找加速学习专业知识的最佳途径。

### 1. 80/20 法则

80/20 法则。它也被称为帕累托法则或"重要少数法则"，80/20 法则已经被修改和重新设计，以适应商业和教育领域的大量应用，你以前可能听说过它。

这个法则最初是在经济学背景下形成的，它认为在任何既定的努力中，80%的成果来自于20%的原因。这个法则已经演变成一个通用的公式，用以支持消除过量的工作。例如，微软声称80%的软件崩溃只需要通过修复最常报告的20%的漏洞就能解决。在体育训练中，应用这一法则的人们认为20%的运动量影响了运动员总体健康情况的80%。还有人们常说，办公室里80%的工作都是由20%的员工完成的，等等。

在语言学习中，80/20法则认为，80%的对话中仅包含了该语言体系中所有单词量的20%。正如你所期望的，语言学习中的80/20法则支持这样一种观点：如果你持续专注地学习这20%的单词，你就会得到表达需求所覆盖的大部分内容。

举个例子，语言学家加布里埃尔·怀纳认为，当你开始学习一种新语言时，首先仅需关注该语言中1000个左右最常见的单词，他说："掌握1000个单词之后，你能认识任何普通文本中70%的词汇，而如果掌握2000个单词，则能让你认识文本中80%的词汇覆。"

怀纳进一步解释了这种不平衡的现象。假设你只知道10个英语单词："the""（to）be""of""and""a""to""in" "he""have"和"it"，如果这就是你现有的词汇量，那么在任何文本中，你能识别出多少内容？

根据保罗·奈森博士的研究，答案是 23.7%。英语语言有超过 25 万个单词，这 10 个单词占英语语言总量的 0.004%。但我们如此频繁地使用这 10 个单词，以至于每写一个句子，它们都几乎会占据 25%的比例。

假设我们最终将词汇量增加到 100 多个——包括"year""(to)see""(to) give""then""most""great""(to) think"和"there"。奈森博士说，有了这个词汇量，我们就有能力理解每句话 49%的内容。

这意味着，即使词汇量再降低一点点——比如仅仅 100 个单词，我们就可以识别出每个句子中几乎一半的内容。让我们把这个数据放得更宽些——这仍然意味着即使只掌握 200 个单词，我们也可以识别出每个句子中 40%的内容。千分之一的英语单词几乎构成了每个句子的半壁江山。这一事实非常重要，同样也是帕累托法则的一个确凿证明。

在东南亚教育部长组织的区域语言中心工作的另一名语言学专家亚历山大·阿圭列斯博士对此做了进一步的分析。阿圭列斯发现，每一个特定语言的使用者每天使用的单词量是 750 个。此外，你只需要 2500 个单词就可以表达你想说的任何事情（虽然有些表达可能有点尴尬或奇怪，但从技术上来说，你只需要 2500 个单词）。

考虑到这一点，学习一门语言应当遵循如下进程：首先，从一种语言中最常见的 100 个单词开始着手，专注于学习日常对话的基石。你应该掌握的单词是 "the" "of" "and" "it" "he" "she" "up" "down"，等等，而类似于 "spatula"（抹刀）和 "incinerator"（焚化炉）等单词可以今后再学。

然后，专注于日常对话。怀纳的研究认为，在任何语言中，其常见的 100 个单词占据了口语交流总量的 50%。1000 个最常见的单词占据了所有对话的 80%，而 3000 个最常见的单词涵盖了所有对话的 99%（到目前为止，美式英语中第 3000 个最常见的单词是 "lungs（肺）"）。因此，语言学习的下一步不是背记更多的单词，而是专注于交谈，这些单词将通过练习而不断巩固。你会发现，如果你专注于那些最常走过的路，你的专业知识就可以得到加速巩固，所以学外语时，记得开口交谈。

**2. 先了解总体概观，再进入具体细节**

学习一种语言时，在开始更精确的细节学习之前，先了解一下总体概观是非常有利的。这里的观点是，先要为你的整体学习创建一种语境——就像是在进入一栋大楼之前，先看一眼它的外部结构和总体框架。这一策略可能用到的方法包括如下几种：

- 找出发音模式。例如，法语中的某些发音比英语使用更多的鼻音。一些西班牙语单词需要字母 "r" 发卷舌音，而常见的英语单词中不存在 "r" 发音。世界上任何一种语言都有着其他语言所没有的辅音和元音。研究这些模式可以让你了解到你将更具体地学习些什么。

大量地倾听你想学习的这门语言，了解其典型模式和特征，并能够简单地根据大概的发声来辨认出它们。希望你能开始发现它独特的语言节奏，在你感受到这种语言的基本发音后，你就可以继续学习正确的发音了——注意这些单词是如何从你嘴里说出来的。

- 学习语法。当我们说英语时，通常会在名词前加入一个定语："That's a red hen（那是一只红母鸡）"，但在其他语言中，它们的单词顺序可能是相反的，如果书面直接翻译就会变成 "That's a hen red"。所以，在学习 "red"（红色）和 "hen"（母鸡）这两个单词之前，理解另一种语言的语法结构差异是很有必要的。

- 观看带字幕的外国电影。这将让你对在现实中如何使用这门语言产生一种非常有益的感觉，并将提升你对电影中语言声音的总体感知。你会听到说话音调的起伏发生在哪里，每天使用这种语言的人们发出的音节节奏听起来是什么样的。你还可以将声音、单词、语言节奏与实际意义相匹配。最棒的是，你会知道他们到底在说什么（看字幕）。

**3. 迁移到专业知识中的经验**

在学习一门外语的上述经验中，我们可以将哪些部分应用到自己的专业知识领域中？

- 从掌握基础知识开始。在追求专业知识的过程中，对于去学习什么，你会有很多的选择。但从你的角度看，你可能并不清楚应该从哪里开始学起。根据 80/20 法则，专注于对总体思想影响较大的少量主题，将会帮助你奠定一个坚实的专业知识基础。此外，理解某些基本概念将会为你提供一个足够清晰的领域框架，由此，你可以对可能遇到的大多数问题做出有理有据的猜测。

所以，在你的计划中，首先去学习最普遍和最一般的研究主题。如果你正在学习美国历史，那么就去关注那些塑造了历史整体概况的重大事件：战争、经济、民权、政治领导人，等等。当然，你也可以学习重要体育赛事、动作明星的流行史和渔业发展史——但把这些放在刚开始去学习，对吗？不对，它们最多是外围重要事件。当你了解了经济和战争的基本概况时，你就能大致猜测出其他每一种历史事件的趋势走向。

- 然后熟练掌握最普遍的原则。再次强调，了解该专业领域的基本概观十分重要，它会为你所学的内容建立起一个坚实的语境背景，使你更容易获得专业知识。在你的专业知识领域中，哪些部分与你对专业的整体理解最相关呢？务必熟练掌握你每天都可能会涉及的那些方面。比如在之前学习美国历史的案例中，要关注的部分有：自由市场体系、民主原则、两党制以及外交政策的演变等。在这一层面上，应该不会涵盖美国的某个特定地区、某个具体产业或流行文化。

- 将知识放在大背景中，再展开分支学习。当你完全熟悉了基础知识，并充分理解了更多相关普遍原则时，你就可以开始关注你感兴趣的具体分支了，记得使用你的基础知识作为出发点。例如对于美国历史，此时你就可以开始学习阿巴拉契亚国家步道、底特律汽车工业的兴衰、卡特里娜飓风如何重塑了墨西哥湾海岸等具体分支事件了。

## 二、学习演奏一种乐器

成为一名历史学专家是令人钦佩的，但通过学习如何演奏一种乐器，也能够对我们发展专业知识有所启发。当你还是个孩子的时候，无论出于你自己的选择或父母的坚持要求，你很有可能上过一些音乐课（如果是后者，希望你没留下什么心理阴影）。学习专业知识时，音乐教育中的很多常见原则都是颇有助益的——所以即使你不再演奏乐器了，也可以庆幸一下，那些小提琴课没有被白白浪费！

我将简要概述一些音乐学习中的常见原则，且它们可以有效地迁移到任何专业知识领域中。

### 1. 比你以为你需要的学习速度慢一点

学习一种乐器最令人沮丧的事情之一是，我们无法准确地按照第一次听到某音乐演奏时的状态来重现这段音乐，尤其是当它节奏很快的时候。我们很想知道吉他或钢琴大师们是如何能演奏得这么快，而且看起来还毫不费力的。当我们自己尝试演奏时，却完全无法接近大师们的速度，一旦快一点，结果听起来就是一团糟糊。不过请你注意一件事，这些大师们可不是以那个速度学会演奏的。

他们是一个音符一个音符地学习的，而且他们早期的练习听起来极其缓慢枯燥。因此，提高演奏熟练度的一个有效方法是缓慢地、反复地练习一段给定乐曲。我的意思是一定要真的很缓慢，非常缓慢，从正常速度的一半下降到 20%，甚至 10%的速度。

伟大的俄罗斯作曲家、钢琴家谢尔盖·拉赫曼尼诺夫——他的作品经常快得令人难以置信，但据说他在反复排练肖邦的作品时（肖邦不是一个速度恶魔），会以一种几乎是缓慢爬行的速度来练习，需要花费长达五秒才能完成一个节拍。喜剧演员、音乐家史蒂夫·马丁通过用唱片机播放蓝草单曲自学演奏班卓琴，他将播放速度放慢至 16rpm（每分钟转数），大约是正常速度的三分之一。

缓慢演奏有如下几个好处：通过建立手指的肌肉记忆、发展准确性、修复错误等，使你的头脑（和手部）全神贯注于一段新乐曲中。它还能塑造你的耐心和自律，并且加强组块的记忆策略：你将乐曲的每个部分一点一点地分开，花费稍微长一点的时间，每次只专注于一小部分。缓慢演奏也有助于你在更有意义的水平上理解转位和音符的变化，由此，当你想要加速演奏时，你就会知道如何最有效地使用每个音符。

缓慢演奏的最大好处不仅仅是熟能生巧——更是完美的

练习才能塑造完美。学习错误的演奏方式或者不去分解细节，只会为你的后续学习养成坏习惯。如果你不慢下来，就会事倍功半。

我猜，那些有远大抱负的专家可以从缓慢演奏中得到的启示非常清晰：尽可能地放慢学习的速度。如果你的目标是建立专业知识，那就花费足够多的时间来逐步地、完全地掌握每个概念。在学习告一段落之后，暂停下来进行反思的做法是很好的，这样，你就可以在进入下一阶段的学习前充分地消化它。在阅读的分析阶段（见第二章），采取比平时慢的阅读速度是非常恰当的。在继续前进之前，务必要充分吸收一切，因为这正是知识停驻在你大脑中的方式——知识要正确，而不是糊里糊涂。

慢速学习策略会帮助你充分理解和记忆你正在学习的每个片段。这是一个你一生都在追求的专业知识领域，所以不要急于一时之功。

**2. 关注易错问题点**

德克萨斯大学奥斯汀分校的研究人员对十七名专业钢琴演奏者进行了一项练习行为研究。他们要求所有演奏者去学习某一曲段的三小节部分（对大部分曲段来说，一个三小节是非常短的片段，大概时长八秒）。每个演奏者都有一段热身时间，之后他们被允许自行练习这个片段，时长不限。一些演奏者花了近一个小时来练习三小节片段，还有一个演奏者则不到十分钟就练完了。

练习结束后，研究人员要求演奏者在接下来的二十四小时中，不要再次练习这个音乐片段，即使是在家中或是在脑海中也不行。当他们第二天返回时，研究人员要求他们持续演奏十五遍这个片段，且只能在每次演奏结束后短暂停顿。然后，研究人员评估了每位演奏者的表现，并从最好到最差进行了排序。

结合他们的研究结果和对练习过程的观察记录，研究人员得到了一些有趣的发现。最令人惊讶的是，演奏的质量与演奏者练习音乐片段的时长或重复次数的多少没有相关关系，练习了四十五分钟的演奏者表现不一定比那些只练习了十五分钟的演奏者更好。

在回顾他们练习过程的视频时，研究人员对表现最好、排名最前的演奏者进行了观察。在他们看来，排名前三的演奏者都使用了完全相同的三种练习策略：

- 他们精准识别了每一个错误发生的位置，并专注于纠正错误。

- 在整个练习过程中，他们用不同的速度演奏：纠正错误时慢下来，测试自己时则会快起来。

- 他们一遍又一遍地重复练习某些段落，直到他们改正了错误。

这些结果引人注目之处不仅在于前三名的演奏者都使用了所有这些策略，而且在于其他十四名演奏者中的大多数都只使用了不超过一种的策略。他们之中只有两名演奏者使用了一种以上的策略——这两人分别获得了第四名和第六名，综合考虑还不算太差。

前三名演奏者使用的这三种策略都有一个共同点：它们都非常具体地涉及了演奏者如何设法纠正自己的错误。在练习环节中，他们并不一定是刚开始就犯错较少的优秀演奏者——他们出现了错误，而让这三位演奏者最终脱颖而出、表现更好的原因，正是他们如何处理自己的错误。

前三名的演奏者也同样都使用了一种子策略，猜猜它是什么？没错，它就是：放慢演奏速度，尤其是在那些曲段中给他们带来最大麻烦的地方。

3. 对专业学习的启发

那么，以上这些音乐学习的策略对于培养你的专业知识有什么启发呢？

以上的分析意味着拥有更好的能力并不一定是成为专家

的一个必要因素。这并不关乎于你从一开始就能把事情做得多么好，或者你是否更具天赋才华，不是说你必须把每件事都做得很完美。

导致结果不同的关键点在于你如何去关注和处理错误。同时，也要求你更具耐心，给自己足够的时间停留在某个你尚未充分理解的主题上。快速阅读不会为你赢得任何奖励（当然，除非你正在参加一个快速阅读比赛），而且，仅仅通过快速浏览资料去学习，你会失去深入理解的最好机会。缓慢前行，彻底剖析，这样才会产生真正的理解。如果你试图匆忙行事、拔苗助长，到头来你将不可避免地跌入自己制造的有害的知识缺陷中。

在你学习的过程中，若你觉得某个部分还没有完全地入脑入心，就停下来继续努力攻克，直到它融入自己的知识体系。在学习美国历史的例子中，如果你觉得尚未理解第一次世界大战的原因，那就停留在这个主题上，并提问自己"为什么"，你需要持续关注它，直到你最终能够解决所有谜题。然后，也只有这样，你才能继续研究第一次世界大战的具体战役，或者接下来出现的任何具体事件。通常，一些知识是层层递进，并且是相互关联的，如果你仓促地完成了一个阶段，你的知识基础将是不稳固的。

我们讨论过的每一种策略（在语言和音乐学习中）都提及了一个共同的关键元素：耐心。成为一名专家，并不是你安排一个紧凑的日程表，或者仅仅付出努力就可以做到的；成为一名专家，需要花费大量的时间和精力专注于细节、概念以及改变你的思维方式。在学习的早期艰难阶段，时钟仿佛在爬行一般，若你仍能够坚持挥汗如雨，努力奋斗，你将如愿以偿——获得一门新的专业知识，并且这段经历可能不会像你担心的那么漫长。

总体来说，类似的技术策略还有很多，并且几乎可以从每个学科的顶层大师那里收集得到。现在，我想把注意力从学习策略转向另一种让专业知识浮出水面的方式——人们对专业知识的感知，包括好的和坏的方面。换句话说，既然你已经获取了这些专业知识，那么你应该用它做什么呢？你如何在广阔的真实世界中发挥新发现的专业知识的价值呢？

有几种方法可以让你的专业知识发挥效用、显露人前，而且并不是所有的方法都涉及到在学术期刊上发表文章，或者成为电视节目讨论组的首选嘉宾。事实上，甚至并不是所有的方法都需要一个真正的专家！专业知识本身并不那么有用，不是吗？只有当别人知道我们是专家，并对我们和我们的知识产生了某种需求时，我们才能用到自己所学的知识。

专业知识是许多人职业生涯的流通货币，而它之所以有效，是因为其他人也同样认可它。

所以问题就变成了：你怎样才能看起来像是个专家，并且让别人知道呢？

## 三、如何看出你是个专家

成为一个专家最好的事情之一是，你看起来真的更加像一个专家。

这是真的！参加几个快捷课程，你也能在外表上看起来像是一个世界级的头脑达人和智慧大师！现在打电话进来，你还会得到一件免费的高领毛衣！这段广告词听起来很适合与卖烤肉炉的深夜电视导购节目一起出现，甚至还可能获得收入。

好吧，开个玩笑。请注意，成为一个专家当然有比仅仅穿着打扮像个专家更有力的缘由。严格说来，若只是仅仅想要像一个专家，那你并不需要具备任何接近真正专家的特质。也就是说，专家的外表和专家是两回事。

但是，让其他人产生"你是专家"的感知是有一些额外好处的。想象一下，你真的是一个世界级的专家，但别人却无从得知，那你的专业知识就没有用武之地了。目前，在外表上假装专家的技术已经被四处滥用，但这背后不可否认的原因是，看起来像个专家真的非常有用。

作家蒂姆·费里斯是一位自助学习大师，他对于在四个小时内完成某种任务有着神奇的热情。他曾经提出过一个在短短四周内变成专家的游戏计划，也就是——虽然不是一个真正的专家，但看起来像是专家。费里斯的建议包括：加入专业行业协会、阅读一些书籍、举办研讨会，以及为商业杂志写作。所有这些都是比较简单易做的事情，但费里斯的方法更多的是关于如何维持专家的表象，而不是真正成为一个专家。

不过，费里斯不鼓励人们伪装出他们没有的身份。他只是希望人们把自己放在最有利的环境中，展现自己最好的一面，这并没有什么错。真正的专家有时候需要一些帮助，以便寻求机会来展示他们的才华，这就包括知道如何向公众呈现自己。毕竟，每个专家都需要一个起点，费里斯建议这样去做：

- 加入两个或三个相关的专业行业组织。
- 阅读你所在领域中前三名的畅销书。
- 在附近的著名大学举办一个一到三个小时的免费研讨会。

- 在知名公司的分支机构举办两场免费的研讨会。

- 为商业杂志写一到两篇文章。

- 加入教授网（ProfNet）的采访热线服务——这是一个帮助媒体与业内专家有效沟通，以便撰写新闻文章的服务平台。

费里斯的想法有一定道理，他的整体观点是通过打造个体知名度和多产性来让公众产生对其专业知识的感知，但并不是他的所有策略都会打造出专家的形象。比如对于后面的四种策略，若你是一个新专家，你就还得找一些现实的方法去说服大学、公司和商业杂志，使他们需要你的服务。再看看第一种和第二种策略：行业组织对他们内部的人来说是相对排外的，加入后虽有利于获取信息，但这些组织对外部世界并没有多大影响力。此外，尽管你总是在读书，手不释卷，但通常情况下，人们不会注意到你在读什么书，除非你把它放到在线读书社区上（Goodreads，类似于中国的豆瓣）——所以，做这些事并没有让你看起来像个专家。

那么，作为一名专家，为了让自己更加知名和获得赞誉，我们应该怎么办？还请遵循以下两个更具体的目标任务：

**1. 去那些你被需要的地方**

自我推销和所有其他形式的广告都基于同样的原理：找

到合适的市场，并让你的形象涌入其中。你的专业知识现在是整体形象的一部分，所以，你的目标是找到需要你的专业知识的受众群体，并让自己成为一个众所周知的和受欢迎的存在。

问问你自己：你的专业知识的市场是什么？哪些地方乐于接受你的能力、才华和知识？那些欣赏你和需要你的人在哪里？你如何做到让自己非常知名，以至于无人能忽视？

当然，你要去寻找的这些地方并不一定都是现实中的。网络上充满了开放式的网站，这些网站依靠丰富的外部专家资源贡献而蓬勃发展，而且，你很容易在类似于 Quora. com 这样的网站上建立影响力，这些网站不断地在为形形色色的专家提供机会。

类似于 Medium. com 这样的出版平台可以让你展示自己的才华，并帮助你找到受众。费里斯建议加入教授网（Prof-Net），这是一个将专题专家与需要新闻信息的记者联系起来的服务平台——这个主意也不错。在这些网络论坛中，如果你到处去刷刷存在感，并获得了一些赞同和名气，你会发现自己吸引到了追随者，开始声名鹊起。找到顶级的五个论坛，不要管它是不是实体的，只需要通过贡献内容、帮助他人、组织活动或仅仅天天打卡，来为自己制造存在感，连续出现并重复以上行为几个星期或几个月，就会带来不错的效果。

当讨论一个特定话题时，谁会出现在所有地方？当然，只有专家。比如那些在物理领域无处不在的人——史蒂芬·霍金和尼尔·德格拉斯·泰森——我们会把这些人与重要的专业知识联系在一起。

**2. 去那些对你很重要的人所在的地方**

要看起来像个专家，"借势"其他专家也是个很好的途径。通过正确的方法和适当的网络技巧，你就可以利用你的"品牌"与其他专家的受众来增加你自己的粉丝（尤其是散落于各种社交媒体中的潜在粉丝）。

所以问问自己，你所在专业知识领域的其他专家们会去哪里旅行、聚会，甚至闲逛？开始行动的不错地点是学术会议和专业协会，几乎每种职业、行业、学科、以及兴趣领域都会在某个地方有自己的协会组织。这些组织吸引着专家们：有的人渴望发现新知识，有的人来学习新趋势，以及非常重要的是——为了与其他专家建立联系，发展关系网。哪怕你在其中一场社交聚会中只是遇到了几个后起之秀，这也能给你带来巨大的好处。

还有一个更加本地化、更加便宜的策略，可以这样做：

在你居住地的附近可能会有一所学院或大学，如果它有一些与你的兴趣领域相关的部门和资源，那么就值得留意一下该校的活动或聚会。再次强调，网络对寻找志同道合的个人社群有很大的帮助。

举个例子，假设你成了一个盐矿开采方面的专家，你已经具备了足够的知识，并且撰写了一些关于这个主题的博客文章。你的知识超越了世界上 99%的人，因为你在这个主题上花费了如此之多的时间和精力。你已经创建了一个 Medium.com 的账户，在那里发表了内容充实的文章，并在主标题中使用了关键词来引导流量。你会定期发布帖子，这无疑是建立受众群体的一种重要方式。此外，每隔一段时间，你都会点击 Quora.com 来回答用户发布的关于盐矿开采的问题。你的点赞数和支持率不断上涨，最终，人们会开始主动搜索你。

你还可以去一些关于盐矿开采的当地论坛，让自己出现在那里，并在专题小组中提出很棒的问题，展示你现有的知识（试着问一两次你已经知道答案的问题，只是为了强调你的存在）。你表现出了让人无法忽视的才智，所以他们不断地要求你回来，并最终要求你加入小组。

然后，你参加了一个在纽约市召开的全球盐矿开采会议，你和其他专家在聚会上产生共鸣。你的知识惊艳亮相，且看起来恰到好处。你找到了几个人一起讨论盐矿开采的当前问题，同意和其他人交换联系方式和推特账户，并建立了你的社交网络。会议结束后，你会与这些专家进行线上讨论（或者激烈但文明礼貌的辩论），将你自己展现在他们的粉丝面前，提升你的存在感。你会与他们保持联系，最终在研究和科技项目上进行合作。

做到这一个阶段，很难再说你不是专家了。事实上，在这个过程的最初几步之后，你可能已经符合了人们对专家的要求和认知，无论你是不是真的专家，现在，你看起来像个专家。或许这个过程需要的成本有点高，但说实话，想要看起来像个专家，做起来并不是很难，对吗？

只要始终记得你做这些事的初心——不仅仅是为了提升你的公众形象，更是为了推进你的专业知识。许多人只是看起来像专家：他们做了最低限度的工作来让那些注意力有限的人们相信他们是专家，但实际上，他们只是吹嘘自大，根本没有真才实学。一旦他们的真面目被发现，后果将是非常严重的。如果你发现自己关注外部形象远多于关注能提供的专业知识，请在内心中保持警惕，注意潜在的危险。

## 四、揪出那些假冒伪劣的专家

在所有的专家群体中（尤其是在互联网上），总有骗子假装自己在某个主题上有高深造诣。他们可能不知道自己缺乏专业知识，甚至根本没有意识到自己的欺骗行为。不过，一些人还是能够识破这些骗子的伪装，知道他们没有专家的资格，还到处行骗。现在，成为真正专家的你应当揪出这些装腔作势的家伙，将他们绳之以法，或者至少在评论区戳穿他们。

怎么会有人不知道自己不是专家呢？他们可能只是对自己的能力或重要性有一种夸大的认识。他们在错误自我认知的驱使下，告诉自己（和其他人）他们很棒，并因此坦然地相信自己是天才，且永远不允许自己被质疑。他们可能不是恶意为之，也可能不是有意识地试图愚弄人们，但他们对社会仍有极大的危害。

### 1. 邓宁-克鲁格效应

还有一些人可能只是因为太过于无知（也可能是元认知欠缺）而无法认识到自己的无知。

这听起来像是一个荒谬的论断，但实际上，对于这种情况有一个科学有效的解释。邓宁-克鲁格效应是以两位社会心理学家的名字命名的，他们在 1999 年进行了一项调查研究。研究发现，认知能力非常低的人——比如那些语法糟糕、逻辑错误、没有幽默感的人——通常认为自己比真实的情况要聪明得多。

邓宁-克鲁格效应有点像一种无知者的恶性循环。那些身在其中的人们根本没有心理能力（元认知）去理解他们所没有的心理能力，这种由糟糕的自我认知和智能低下组成的迷魂汤使他们过分高估和美化自己的能力，同时，他们也不能理解除了自己以外的其他人的智慧和能力。从根本上说，他们无法理解他们不理解的东西。

日常生活中，邓宁-克鲁格效应出现的频率比你想象的要多得多：酒吧里自以为是的"大师"对某个话题胡说八道；醉醺醺的大叔在家庭度假聚会上滔滔不绝地谈论一个他一无所知的主题，并声称任何反对他的观点都是愚蠢和错误的。

这种人听起来很让人恼火，甚至有点令人沮丧。他们并不是想骗你，但他们可能会伪装成专家。

**2. 确认偏差**

非故意的伪专家们也许还会遭遇确认偏差，之前的章节已经讨论过这个概念：人们只会看到他们想看到的东西，只会接受能证实他们想法的信息。许多人对事物的理解正是被这种错觉所掩盖，导致他们停止思考新信息，或拒绝深入了解那些证明他们坚持的信念错误的其他证据。

诚然，我们大多数人都会时不时地被某种确认偏差控制。对于某些情况或问题，我们无法做到毫无偏见，并且只想考虑那些证明了自己的先入之见或让我们感到快乐的信息。可是这样做，会让我们成为自己观点的奴隶。

举个例子，让我们来谈谈光照派。有一些人坚持认为，这个秘密组织是真实存在的，这些组织控制着从供水到我们所看的电视节目等日常生活中的一切事物。对于这些人来说，光照派（一个秘密组织）可能代表了一种解释某些已经发生了的事情的方式，所以他们真愿意相信这一切都是真实的。当出现与他们的想法相矛盾的证据时，他们可能会坚持说"你也是他们（秘密组织）中的一员"，或者"他们拉你入伙了，对吧？"。与此同时，这些人不加思索地接受任何带有疯狂言论的 YouTube 视频和伪造照片，而这些视频和照片是证实光照派存在的"铁证"。

这就是确认偏差在行为上的表现，当然，这也是光照派信仰者的一部分特征。

**3. 如何揭露假专家**

无论他们是否意识到了自己的造假，也无论他们是否被邓宁-克鲁格效应或确认偏差所控制，又或者他们故意搞恶作剧，这些假专家们都是通过欺骗他人和误导公众毒害了知识的源泉。不过在这个时代，不太可能彻底根除虚假专业知识的传播。

但是，只要记住真假专家之间的区别，我们就能辨别出假专家们，并把他们揪出来。

● 真正的专家关注专业知识领域——假专家只关注他们自己。一个真正的专家对自己做出的成果感到自豪和满意，而一个假专家则以自我为骄傲，并通常让自己成为他们讲述的每个故事中的主角英雄。例如，一个真正的音乐专家会以极大的热情谈论他发现的一个新艺术家，一个假专家则可能会声称这是他先发现的，重点在于要突出他自己，而不是音乐本身。当然，真假专家的行为常有重叠，但记得仔细观察你认为的专家，他的骄傲源泉来自于哪里？

● 真正的专家在他们不知道某事的时候会坦率承认。一个真正的专家对于承认他们的知识局限，既不会感到胆怯，也不会感到羞愧。他们不会因为没有自知自己不知道的事情而感到尴尬，他们有足够的安全感。假专家们甚至都无法接受"他们不是什么都知道"的想法。一个真正的科学专家如果没有完全理解博弈论的思想，他就会自如地承认，而一个假专家则会立刻变得具有防御性，并寻找借口，嘲笑他人："不像你啥都不懂，我知道很多事情。"在进一步的质疑中，假专家可能会变得恼羞成怒，并愤而离场，退出互动。

- 真正的专家会展现出海纳百川的智慧。一个真正的专家会欢迎那些可能反驳自己研究成果的数据、证据或观点。他们寻求并鼓励文明公正的谈话和富有思想的辩论，不会压制不同的意见。他们知道什么是确认偏差，并主动努力地避开它。如果证据表明了存在其他一些情况，他们就会改变自己的观点，将新事物容纳进来。总体而言，真正的专家一直在追求真理和知识，而不是在捍卫一个特定的观点。他们甚至会去寻找不同观点，扮演反对者，用以查找漏洞，完善他们的观点或立场。

一个假专家则会将反对意见拒之门外，并坚持只有自己"知道真相，听我的，只听我一个人的"。例如，一个真正的政治学专家会很乐意接受并听取其他人的不同意见，比如哪些区域投票的公众对全国选举产生了更大的影响。一个假专家则会拒绝其他人，并告诉提意见的人"你们根本不了解政治"，只有其本人的观点是唯一重要的。

● 真正的专家随时可以临场发挥，处变不惊。常规安排中的突然变化不会让一个真正的专家感到惊慌失措。如果一个令人惊讶的变故彻底打乱了他们的初始计划，他们仍然能够快速地想出解决方案，并从容应对。而当假专家们被从他们的舒适区踢出来的时候，他们就会被吓坏了。一个很好的例子是电视真人秀《厨艺大战》（Chopped），节目中，参赛者会得到一篮子未知的、有时候是神秘的食材来做饭。精彩之处在于他们都不是假专家，他们都有足够的能力在给出的范围内工作，他们中最差的选手也能够对什么调味品搭配何种食物会更好做出合理的猜测。

冠军们能够轻松地驾驭外国的和新奇的菜肴，此时，如果一个假专家也来到了这个片场，他们肯定会大发雷霆，一大堆借口也纷至沓来。在一个非常局限的提问范围内，一个人可以看起来像是个专家，但如果讨论偏离了话题，所有的伪装都会消失。即兴发挥的能力来自于对基本原理的扎实掌握以及对事物联系的深刻理解。

**本章要点：**

- 专业知识意味广泛，但有一件事非常明确：每个人都想拥有专业知识。这一事实从未改变，贯穿了本书的全部内容。本章介绍了专业知识在日常生活中展现的一些有趣方式。

- 首先，我们分析了两门学科，在这两门学科的学习中所遵循的某些经验策略可以为我们所用。语言学习包括两种策略：日常生活中重要单词的 80/20 法则，以及在进入更具体的学习前，了解基本概观和学科边界。此外，学习演奏乐器也有两种策略可供参考：慢速学习、慢速练习；不要害怕把时间和精力投入到容易出问题的领域。

- 除了从不同学科收集到的经验之外，我们还讨论了如何展现专业知识。毕竟，专业知识本身是自我沉浸式的，当它被其他人知道和需要的时候，专业知识才能彰显出它的价值。我们可以参考一些蒂姆·费里斯的方法，比如加入行业组织和参加面对面线下聚会。一般来说，有两种方法更为实用：一是在你的受众群体经常出没的地方刷出存在感；二是频繁出现在其他专家周围——什么样的人会与其他专家经常互动，而且看起来也很杰出、也很流行呢？当然只有另一个专家！

- 与此相关的是，能够发现其他人拥有的专业知识是真还是假也很重要。有些人可能不是故意愚弄你，他们可能只是受制于邓宁-克鲁格效应或确认偏差。但是在每个领域，总有一些人只想通过耍耍嘴皮就取得成功。你可以使用几个简单的质问来揭发这些人：他们是专注于自己还是专注于学科领域？他们是否很难承认自己不知道一些事情？他们有包容诚实的智慧吗？他们有足够的知识储备去临场发挥以及做出合理推测吗？

# 全 书 总 览 ▶▶▶▶

## 第一章　学习专业知识的心理和生理准备

- 当前时代，你可以通过很多途径来获取专业知识并达到专家水平，但你必须克服的最大障碍之一是关于天赋的神话，以及与之相关联的固化型思维。

- 天赋神话的意思是，只有那些具备了足够天赋的人才能成为专家——这不是真的。我们可以通过观察固化型思维（我只能这样，不会更好了）和成长型思维（我能变得更好）之间的差异来进一步支持这一观点。只要你肯付出努力，你都可以学习某方面的专业知识并逐步成长。这并不是说你只需要使用"信念的力量"或类似心血来潮的短暂热情，它是一个需要持续付出努力和时间才能得到成果的线性关系式。

- 学习专业知识的生理学原理非常简单。把大脑想象成一块肌肉，事情就变得很好理解了。学习和掌握专业知识很大程度上是因为髓磷脂的增加，髓磷脂是一种覆盖神经元的脂肪酸，它可以增加电荷脉冲的速度和强度——也就是思维的速度和强度。

• 作为血肉之躯，大脑与一个二头肌或腿筋有同样的要求。这意味着，存在的压力（包括慢性的和急性的）、睡眠的质量和数量，以及锻炼的频率都对你的学习效率有很大的影响。

## 第二章　如何高效地搜集、吸收和理解信息

• 专业知识是建立在信息之上的，这个说法太过简单。能够收集、理解和使用信息才能使你具备专家的身份。如果不能做到，那你仅仅是个冒牌货。本章主要讨论了如何有效地收集信息、分析信息，并获得更深层次的意义。首先，你要建立信息库，然后再学习如何使用你所拥有的一切。

• 资料的使用方法大部分来自于有效研究的五个步骤，以及莫提默·艾德勒提出的不同类型阅读理论（还有相关的SQ3R方法）。

• 有效研究包括以下几个步骤：无差别地广泛收集信息、过滤信息来源、寻找主流观点和重叠部分、寻找不同意见、整合资料。这个过程会让你获得复杂精妙的知识，理解

知识间的细微差别，而不是获得建立在奇闻轶事上的浅薄观点。大多数人经常到第三步就半途而废了。

- 有效阅读需要理解四级阅读层次，并知晓如何通过这四级阅读来获得专业知识。这四级阅读层次是：基础阅读、检视阅读、分析阅读、主题阅读。同样，大多数人也常进行到第三步就停下来了。

- 最后，SQ3R 方法是用来从资料源中提取信息的技术。该方法包括：浏览、提问、阅读、复述、复习。以上步骤不仅仅是攻读一本书的过程，它也能成为一个应对整个学科和领域的规划，以及成为你尝试自学任何知识的规划。大多数人会使用 SQ3R 方法的一些元素，比如采用阅读和复习部分，但如果不使用其他元素，几乎很少且很难达到深层次的理解。

# 第三章　高 效 记 忆

- 记忆是一件很有趣的事情，它变化无常，有时还难觅踪迹。本章所介绍的策略将竭力防止这种情况的发生。

- 记忆过程包括三个部分：编码、存储和提取。为了检索记忆内容，这里有三种可能的途径：回忆、再认和再学习。

- 使用间隔重复，用频率，而不是持续时间来衡量你的复习。

- 使用组块来创建更大但数量更少的信息单元。

- 使用检索练习来提取信息，这会使信息更牢固地储存在你的记忆库中。

- 改变环境，因为记忆是情境化的，你周围的环境也将成为记忆的一部分。

- 构建生动的意象，因为人们倾向于更容易记住那些异常的事物。

- 创建故事，既有逻辑意义，又有令人难忘的生动情景。

- 使用思维导图以视觉化表征你的思想，并简洁地组织概念，巩固概念之间的关系。

## 第四章　获得专业知识的途径

- 获得专业知识的途径不是只有一条。终点通常是相同的，但在到达终点之前，我们每个人都需要做一些对自己的目标有效的事情。

- 获得专业知识的第一条途径是效仿榜样。他并非必须是一个正式的导师，重要的是，榜样应当是一个你可以追随其发展路径并作为向导的人。要做到这一点，你需要找到榜样，确认你和他们之间的差距，开展自主学习，尝试请教榜样，观察榜样的行为，并在实践中寻求自己的经验。

- 获得专业知识的第二条途径是：了解你需要掌握的最低可行性水平的专业知识。这个观点来源于一个认知：一旦你对所选领域的几位顶级大师拥有的知识有了深刻的理解，你的专业知识将足以应对绝大多数情境。因此，使用思维导图，解构这些思想领袖所讲授的知识，并把他们的总体思想分解成越来越小的概念，以供你学习研究。由此，你就相当于给自己创建了一个待办事项清单。

- 最后，布鲁姆分类法是一系列连续的思维元素，它鼓励深度综合分析信息，并阐明了不同层次的专业知识。事实上，这六个层级中的每一个都提供了如何与信息更深入地互动的指导方针，以确保个体对信息的透彻理解。在理解一个概念之前，你必须先记住它；在应用一个概念之前，你必须先理解它；为了评估一个流程，你必须提前分析过它；为了创建一个准确的结论，你必须已经完成了一个彻底的评估。难点在于反思和理解你当前处在分类法中哪一个层级，因为只有自我认识清晰，你才能确认推动知识精进应当做些什么。

# 第五章　专家的心态

- 心态和思想决定了我们的行为。因此，在追求专业知识的过程中，我们对学习和知识的心态及思维模式是十分重要的。

- 第一种心态是创建切实的期望。期望太高，你会变得沮丧；期望太低，你会变得无欲无求。创建切实期望的最佳途径是设定一个个人的基准（你自己的，而不是其他人的），然后每天提高1%，也就是日本式的"改善"。专业知识不是在一天之内建立起来的，而且你知道得越多，就越能意识到自己的无知。

- 第二种心态是成为一个批判性思维者。批判性思维的本质在于不单纯地接受任何事物的表象，这会驱使你去质疑事物的假设和动机，并尝试深入理解表面意义下的知识和主题。做到批判性思维可以很简单，比如连续问五次"为什么"，不提前做出假设，不考虑因果关系，其最终结果是，你会批判性地去思考，并且不会盲目地接受知识。专家们使用这种思维模式是因为他们知道一个事物从来都不会像它表面上看起来那么简单。

- 加速获取专业知识的第三种也是最后一种心态是：

空杯心态（你什么都不知道）。这不是一种贬低或挑战，相反，这是一种要求——把你的自负骄傲和自我（"我已经知道了"的心态）从思维构成中移除，以使你能够继续学习并虚心向他人学习。任何时候，当你认为自己知晓了某事物时，都是你拒绝新知识的时刻。

- 与空杯心态密切相关的是初学者心态以及初学者心态如何让你从新的角度来看待（旧的）知识。求知欲也是一种相关的心态，这种心态的前提假设是：万事万物存在多层次的复杂性，而你必须深入发掘它们。最后一个要接受的心态是：人生永远在修炼的路上，永无止境，永不完美。简单的措辞变化会极大地影响你的行为。总而言之，这些对待知识的思维模式都可以让你开放思想、认真倾听。

- 你可能会惊讶地发现，专业知识实际上有一个缺点：在你的专业知识领域中，它会降低你的问题解决能力。专业知识是长时间积累经验和理论的结果，而这在根本上导致了思维过程的固化，这是一种本质的局限性，因为它意味着你已经习惯于以某种方式思考，而这种方式可能带来某些不利情况。专业知识导致了某种形式的功能固着，在这种情况下，你几乎无法采取其他视角看待事物，因为之前形成的某些原则很难被忽视。

# 第六章　专业知识的展现

- 专业知识意味广泛，但有一件事非常明确：每个人都想拥有专业知识。这一事实从未改变，贯穿了本书的全部内容。本章介绍了专业知识在日常生活中展现的一些有趣方式。

- 首先，我们分析了两门学科，在这两门学科的学习中所遵循的某些经验策略可以为我们所用。语言学习包括两种策略：日常生活中重要单词的 80/20 法则，以及在进入更具体的学习前，了解基本概观和学科边界。此外，学习演奏乐器也有两种策略可供参考：慢速学习、慢速练习；不要害怕把时间和精力投入到容易出问题的领域。

- 除了从不同学科收集到的经验之外，我们还讨论了如何展现专业知识。毕竟，专业知识本身是自我沉浸式的，当它被其他人知道和需要的时候，专业知识才能彰显出它的价值。我们可以参考一些蒂姆·费里斯的方法，比如加入行业组织和参加面对面线下聚会。一般来说，有两种方法更为实用：一是在你的受众群体经常出没的地方刷出存在感；二是频繁出现在其他专家周围——什么样的人会与其他专家经常互动，而且看起来也很杰出、也很流行呢？当然只有另一个专家!

● 与此相关的是,能够发现其他人拥有的专业知识是真还是假也很重要。有些人可能不是故意愚弄你,他们可能只是受制于邓宁-克鲁格效应或确认偏差。但是在每个领域,总有一些人只想通过耍耍嘴皮就取得成功。你可以使用几个简单的质问来揭发这些人:他们是专注于自己还是专注于学科领域?他们是否很难承认自己不知道一些事情?他们有包容诚实的智慧吗?他们有足够的知识储备去临场发挥以及做出合理推测吗?